상처받은 내 마음의
소리를 듣는 심리 치유

Focusing

상처받은
내 마음의
소리를 듣는
심리 치유

: 포 커 싱 :

팬덤북스

Contents

'포커싱'의 현황에 대하여

– 25주년 기념판에 부쳐

'포커싱focusing'이 새롭게 여겨지던 25년 전, 내가 "무의식이 바로 몸 자체야"라고 말하자 시카고 대학의 한 동료는 꽤나 충격을 받은 모양이었다. 물론 지금은 정보와 혁신을 위한 하나의 근원으로 몸을 강조하는 것이 새롭지는 않다. 그러나 이 근원을 정확히 어떻게 활용할지는 아직 널리 알려진 바가 없다. 구체화된 지식과 그로 인한 새로운 단계들에 직접적으로 접근하기 위한 적절한 가르침은 오직 '포커싱 커뮤니티'에서만 받을 수 있다.

오늘날 사람들은 몸의 근원으로부터 많은 거리를 두고 살아가고 있다. 나는 치료사에게 "고객이 무언가 중요한 말을 할 때는 항상 당신의 손을 배와 가슴 사이에 두고 다음처럼 물어보라"고 말했다.

"당신이 여기에 주의를 기울이면 몸에 어떠한 변화가 생길까요?"

몸의 근원에 이미 가까이 접근한 고객이라면 치료는 즉시 심화

될 것이다. 만약 그렇지 않은 고객이라면 "도대체 무슨 말이죠?"라고 반문할 것이다.

당신을 돌아보라. 다음 몇 개의 문장 중 내가 무슨 말을 하는지 알 수 없는 것에 주목하라. 우리는 그보다 좀 더 멀리까지 당신을 데려다줄 수 있다.

당신은 신체 지향적인 감각을 가지고 있다. 당신 자신이 누구이며, 어떻게 이 페이지를 읽는 이곳까지 왔는지 잘 알고 있다. 굳이 알아내려고 생각할 필요조차 없다. 앎이란 당신의 몸 안에서 몸으로 느끼고 쉽게 찾을 수 있다.

신체적인 지식은 훨씬 깊은 곳까지 확장될 수 있다. 당신은 보다 깊은 몸의 감각 느낌을 어떤 특정한 상황과 연관 짓는 법을 배울 수 있다. 당신의 몸은 현재 당신과 관련된 각각의 상황에 대해 생각보다 많이 알고 있다. 여기서 당신은 복잡한 신체적인 지식과 앞으로 다가오기를 원하는, 기다릴 수만 한다면 분명 다가올 새로운 단계들을 발견한다.

당신이 깊은 수준을 발견한 후에도 여기에 머물기 위해서는 연습이 필요하다. 힘든 시기의 사람들 대부분은 당시 상황의 신체 감각을 앞으로 나아갈 단계를 위한 긴 시간 동안 계속 잡고 있을 수 없다. 포커싱은 당신이 그러한 일이 가능하도록 훈련시켜 준다. 사람들은 불확실한 감각 느낌을 어떻게 개방하는지 모른다. 생각과 행동이 드러나는 새로운 단계들에서 복잡한 세부 사항의 전체로

개방하는 방법을 모르는 것이다.

현재 포커싱은 세계적인 네트워크이다. 포커싱에 대해 아는 사람들은 "여기서 정확한 다음 단계는 무엇일까?"라고 질문한다. 그러나 우리 사회의 다른 사람들에게는 '미친 짓'처럼 보일 수도 있다. 새롭고 현실적인 아이디어와 행동 단계들이 어떻게 몸에서 형성될 수 있을까? 우리의 몸이 기계처럼 작동되는 것은 아닐까? 어떻게 진화, 언어, 문화가 만들어 낸 것보다도 많은 것이 몸에서 비롯될 수 있을까?

철학에서 '객관주의자'들은 인간의 경험이란 뇌의 구조물들과 화학 작용이 유발하는 일종의 환상이라고 생각한다. 그들과 반대되는 '상대론자'들은 인간의 경험이란 단지 수많은 문화와 역사, 언어들 중 하나가 빚어낸 한 가지 산물이라고 생각한다. 그러한 다양성 아래에는 전혀 아무것도 존재하지 않는다.

나의 철학은 몸을 다르게 이해하기 위해 물리학과 생물학의 새로운 개념으로 이끈다. 당신의 몸은 기계가 아니지만 오히려 주변의 모든 것들과 경이로울 만큼 복잡한 상호 작용을 만들어 낸다. 그것이 바로 우리의 몸이 존재에 대해 너무나 많은 것을 알고 있는 이유이다.

문화와 언어가 없어도 동물들은 서로 복잡하게 뒤얽혀 살아간다. 다양한 문화가 우리를 창조해 내는 것은 아니다. 단지 정교함만을 추가해 줄 따름이다. 살아 있는 몸은 항상 진화, 문화, 언어가 이

미 만들어 놓은 것을 뛰어넘는다. 더 나아가 우리의 몸은 몇 가지 단계에 대해 개략적인 그림을 그리고 조사해 간다. 진행 중인 당신의 삶은 새로운 발전과 역사가 지금 이 자리에서 이루어지게 하고 있다.

당신은 자신의 사고와 기억 아래 익숙한 느낌들을 지나 살아 있는 몸을 느끼고 감지할 수 있다. 포커싱은 당신의 느낌보다 깊은 수준에서 일어난다. 느낌의 아래에서 물리적으로 감지되며, 직접 들어가 열어 볼 수 있는 '흐릿한 지역'을 발견할 것이다. 이것이 새로운 단계들이 나타나는 근원이다. 일단 발견되면 아래에 있는 뚜렷한 존재를 느끼게 된다.

사회 정책은 여전히 인간과 동물이 과학으로 설명할 만한 존재일 뿐이라고 생각한다. 유전 공학이 소와 돼지를 결합하여 만든 카우피그cow-pig는 뼈 없이 살코기로만 이루어질 것이다. 회사는 가축 시장을 궁지로 몰아가고 카우피그가 겪는 고통 따위는 신경조차 쓰지 않을 것이다. 우리가 서로를 대하는 방식은 자주 이와 유사한 경향을 가진다. 현재의 과학에서 인간성은 사라지고 없다. 우리의 과학으로는 심지어 과학자들 자신조차도 연구할 수 없으며, 어떻게 그들이 과학적인 개념을 창조하는지도 마찬가지다.

과학은 게임이 아니다. 과학의 진실성은 경험적 실험을 기반으로 하고 있다. 당신은 검증도 되지 않은 비행기를 타고 싶지는 않을 것이다. 우리는 경이로운 기계들을 작동시켜야 한다. 하지만 과학

의 기본적인 방식은 기계에 대해 연구한 모든 것을 제공해 준다.

그렇다고 과학이 오로지 이런 유형으로만 존재할 필요는 없다. 생태학에 있어 전체론적 과학은 한 가지 이상의 모습도 가능하다는 사실을 보여 준다. 나의 철학은 스스로 연구할 수 있는 1인칭 과학이라는 또 다른 유형을 추가한다. 내면으로부터 감지된 몸에 중점을 두고 있으며, 새로운 것들이 생기는 곳이다. 포커싱을 활용하여 우리는 '경계적 사고법Thinking At the Edge, TAE'을 개발했다. 이것은 당신이 일하는 분야에서 뭔가 새로운 것을 분명하게 설명하도록 가르칠 수 있는 단계들로 구성되어 있다.

포커싱에 대한 우리의 연구는 커다란 잠재력을 가진 새로운 과학이라는 한 가지 작은 예일 뿐이다. 테이프 녹음과 테스트를 통한 일련의 연구들은 고객이 포커싱할 때 치료 결과가 더 낫다는 사실을 보여 준다. 면역 체계의 기능 향상 같은 포커싱과 관련된 많은 효과들도 측정되었다. 포커싱은 학교, 기업, 영적 집단, 창작을 포함한 많은 영역에 적용되어 왔다.

처음으로 포커싱의 힘을 알게 된 사람들은 곧 자신들에게 필요하다고 생각할 것이다. 하지만 포커싱은 다른 방법들에도 보다 깊은 신체적인 단계를 추가해 주어 향상시킬 수 있다. 다른 사람들에도 영향을 미치며, 우리를 인간으로 발전시켜 줄 다른 무엇과도 결합되어야 한다.

한 시간 넘게 통화 가능한 600명 이상의 검증된 포커싱 트레이

너들이 전 세계에 있다. 당신은 시간을 나누고 교대해 줄 '포커싱 파트너'를 우리의 웹 사이트에서 찾을 수도 있다. 역시 대개는 전화를 통해 이루어진다. 포커싱 파트너십은 우정도, 치료도, 가족도 아닌 새로운 사회 기구이다. 이제 그 필요성을 설명해 보겠다.

지금은 우리를 연결하기 위해 사용되는 문화적인 과정과 역할들이 충분하지 않다. 우리는 하루 종일 혁신하며 여자, 남자, 아내, 남편, 부모, 교사, 임원, 노인, 젊은이가 되기 위한 방법을 찾는다. 우리의 가까운 관계들은 무너지는 경향을 보인다. 사람들은 "아무도 나와는 맞지 않아"라고 말한다. 각자는 복잡한 내면을 가지고 있으며 외로움을 느낀다. 현대 도시 사회는 세분화되어 있다.

우리의 느낌을 표현하는 것이 잠깐 동안은 가까운 관계들에 도움을 주는 것처럼 보여 불쑥 모두 말해 버린다. 하지만 상대가 들은 내용은 당신이 하고자 했던 말과는 매우 다를 수 있으며, 때로는 상처가 되기도 한다. 마찬가지로 우리는 종종 타인들을 차단하는 방식으로 반응한다.

치료사들은 친구나 애인보다도 쉽게 고객의 말을 경청할 수 있다. 가까운 사람들과 함께 있으면 들은 말의 일부만으로도 인생 전체의 성패가 달라진다. 그러나 치료사는 변화와 치료의 단계가 나타나는 깊은 수준까지 평온하게 고객과 함께한다. 그 후 고객들은 친구나 가족과 보다 깊고 자유롭게 관계를 맺을 수 있다. 포커싱 파트너십이라는 새로운 유형은 모든 사람들에게 이와 같은 치료적인

이점을 만들어 준다. 포커싱 파트너는 아무런 비용이 들지 않으며 서로 교대로 진행된다. 이 새로운 기구는 사회의 세분화를 바꾸고 있다.

내 시간 동안에는 고요하게 스트레칭도 하고 가끔씩 말을 하기도 한다. 내가 하고 싶지 않을 때는 말을 하지 않는다. 아주 깊은 내면으로부터의 발화는 내 자신이 듣게 해 주며, 수용적인 상호 작용으로 연결되어 살아간다.

파트너들은 어떠한 충고도, 판단도, 논평도 하지 않는다. 그들은 다만 "제 생각에 당신은 ……라고 말하는군요"라며 확인을 위해 다시 반복해서 말할 뿐이다. 그들은 무슨 말인지 이해가 가지 않으면 내가 말한 내용을 다른 말로 바꾸어서 표현해 달라고 요청한다. 파트너는 세심한 주의를 기울여 내 말이 의미하는 바를 세세하게 이해하고 싶어 한다.

규칙적인 포커싱 파트너십은 우리의 삶을 대단히 향상시켜 준다. 나는 파트너 없이 혼자서 포커싱하기를 원하지 않는다. 사실 내게는 두 명의 파트너가 있다. 나는 포커싱을 하거나 원하는 일을 하기 위해 내 시간을 이용한다. 내 차례가 되면 그것이 얼마나 매혹적인 일인지 느낄 수 있다. 오로지 나 자신만을 위한 시간이기 때문이다. 내가 원하는 바가 무엇인지 알게 되고, 몇 분 동안 면밀히 살펴본다. "나는 ……에 대해, 아니면 ……에 대해 말할 것이다. 우선 조용히 포커싱하면 나는 그것들을 가지게 될 것이다"라고 생각한다.

포커싱을 하는 사람들은 지금 앞에 있는 사람이 어떠한 방법, 신뢰, 목적, 계획보다도 낫다는 사실을 알게 된다. 언제나 더 중요한 무언가를 위해 우리는 하던 일을 제한하며, 당면한 일에 사람들이 겸허한 마음을 가지게 한다. 우리의 단순한 존재감만을 줘서 사람들이 숨을 쉬게 한다. 우리는 그들이 전달하고자 하는 메시지를 듣지만 아무런 다른 말을 덧붙이지 않는다. 최소한의 부담을 가진 최대한의 친밀감을 만들어 내기 위해서다.

- 유진 T. 젠들린

**PART
1**

몸의 지혜를 열다

내면 행동

과거 15년간 나와 동료들은 시카고 대학을 비롯한 여러 지역에서 대부분의 심리 치료사들이 입 밖으로 꺼내기 싫어하는 몇 가지 질문을 연구해 왔다. 왜 심리 치료법이 효과가 없는 사례가 자주 발행하는가? 왜 치료를 했음에도 사람들의 삶을 성공적으로 바꾸지 못하는 경우가 종종 발생하는가? 실패보다는 훨씬 드문 성공 사례에서 환자와 치료사는 도대체 어떤 일을 하는가? 가장 많이 실패하는 경우는 무엇인가?

해답을 찾기 위해 고전적인 접근 방법으로 최근의 많은 치료 유형들을 조사했다. 실제로 우리는 테이프에 기록된 수천 건의 환자와 치료사 간의 상담 기록을 분석했다. 수차례에 걸친 연구 덕분에 몇 가지 사실을 발견하였고, 그중 일부는 우리를 비롯한 대다수 전문 치료사들의 예상과는 사뭇 다른 결과였다.

먼저 우리는 심리 테스트와 생활에서 실제로 확실한 변화를 보여 주는, 치료에 성공한 환자들의 사례를 아주 쉽게 선별해 냈다. 아주 희귀한 이 환자들이 자신들의 치료 시간에 했던 행동들은 다른 이들과는 다른 양상을 보였다. 그 차이는 정말로 찾아내기 쉬웠다. 일단 우리가 알기 쉽게 정의하고 나면 이를 경험하지 못한 젊은 대학생들에게 지도하는 것도 가능했다. 그들 역시 여러 환자들에게서 성공적인 환자들을 선별해 내는 능력을 가지게 될 것이다.

그렇다면 결정적인 차이는 대체 무엇일까? 우리가 알아낸 바로는 치료사의 치료 기법에서 나타나는 것이 아니었다. 그보다 치료 방법의 차이가 별로 중요한 변화를 가져오지 않았다는 점이 놀라웠다. 그렇다고 환자의 대화 내용에 차이점이 드러나는 것도 아니었다. 바로 그들이 말하는 방식에 있었다. 오직 외부적인 징후로만 차이가 나타난다 하더라도 실제로는 치료에 성공한 환자의 내면에서 일어나는 일이었다.

이 책의 목적은 성공적인 환자들이 했던 일들과 당신 스스로 할 수 있는 방법에 대해 알려 주는 것이다. 성공적인 환자들이 보여 준 엄청난 내면 행동은 심리 치료사에게도 도움이 되지만, 모든 문제나 상황에 유용하게 접근하는 하나의 방식이 되기도 한다.

우리는 이 기법을 오로지 치료와 관련해서만 많은 사람들에게 가르쳐 오지는 않았다. 누구나 배울 수 있는 기법이어서 많은 일반인들이 이 책을 읽어 주기를 희망한다. 원래 전문가용으로 제작된 책이긴 하지만, 반드시 그들에게만 쓸모 있는 것도 아니다. 나는 나의 철학과 과학을 활용한 전문적인 출판이 아니라 일반인들을 위해 보다 쉽게 쓰려고 한다.

우리가 관찰하고 정의했던 기법은 단순히 심리적인 문제와 관련 있지는 않다. 어떤 사람들은 일상생활에서 수시로 참조해야 하는 '내면의 원천'으로 받아들이기도 한다. 나는 지금 이 책을 쓰는 과정에서도 같은 기법을 활용하고 있다.

내가 당신에게 가르쳐 주려는 기법은 현재 '포커싱'이라고 불린다. 포커싱은 당신의 인생이 어디에서 막혀 답답하거나, 옴짝달싹 못 하거나, 느리게 진행되거나 하는 지점을 스스로 찾아서 바꾸도록 도와준다. 스스로를 변화시켜 자신의 생각과 느낌이 있는 곳보다 깊은 곳에서 살아갈 방법을 구하게도 해 준다.

연구 진행에 가장 많은 방해가 되었던 점이 있다. 내면을 중요하게 여기지 않는 환자들이 처음 2회의 치료 기간에 선택되었다는 것이다. 치료를 시작한 직후 우리는 단지 예전 인터뷰 내용의 분석만으로도 성패 여부를 금방 알 수 있었다. 아주 세밀한 통계 분석에 따르면 우리 사례에서 우연히 같은 결과를 얻게 될 가능성은 0.001%보다도 낮았다.

지금 우리는 포커싱을 어떻게 가르치는지 알고 있다. 물론 어떤 사람들은 배울 수 없다는 의미는 아니지만, 당시만 해도 놀라운 발견이었다. 치료사와 환자가 1년 이상 열심히 노력한 결과였다. 많은 사람들의 욕구, 희망, 헌신과 돈은 서로 연관될 것이며, 우리는 이미 그들이 실패하리라는 것을 알고 있었다.

일반적인 심리 치료사들은 환자에게 자신의 심리 치료법에 대해 좀처럼 알려 주지 않았다. 환자는 실질적인 치료를 통해서는 호전될 수 없었다. 만일 환자들이 처음부터 특별한 방식으로 자신의 내면에 접근하는 방법을 알지 못한다면, 어떤 치료를 아주 열심히 오랫동안 진행하더라도 주요한 변화들을 이루지 못할 것이다.

치료 결과는 나의 예상이나 확고한 신념과는 거리가 멀었다. 나는 포커싱을 사용하는 환자들이 자신의 마음을 열고 느낌을 어루만지는 능력이 점점 더 증가한다는 사실을 발견했다. 치료 과정에서 환자 스스로 자신의 심리를 치료하는 법을 배울 것이고, 치료 말기에는 좀 더 효과적인 치료가 진행되리라는 확신을 가졌다. 나는 자신의 내면을 느끼기가 부적절하다고 생각하는 환자를 치료했던 경험이 많았다. 치료사로서 활용한 나의 기법과 환자 자신의 노력에 힘입어 많은 환자들이 문제를 성공적으로 해결하도록 도와주었다.

연구가 중요한 이유는 당신에게 놀라움을 주기도 하지만, 당신이 가진 주관적인 확신이 틀렸다는 사실을 알려 주기 때문이기도 하다. 항상 예상한 결과를 얻는다면 연구는 별로 의미가 없을지도 모른다. 나는 오로지 치료에 성공한 환자만 생각하고 실패한 나머지 많은 환자들은 생각하지 않았다는 사실을 깨달았다. 이제 우리는 치료에 실패한 사람들에게도 중요한 기법을 지도하는 방법을 잘 알고 있다.

치료에 성공적인 환자들은 실제로 이러한 핵심 기법을 활용하여 질환이 개선된다는 사실을 분명하고도 반복적으로 증명해 주었다. 또한 그들은 처음부터 어느 정도는 이 기법을 올바르게 이해하고 있었다. 나머지 치료에 실패한 환자들은 기법에 대해 전혀 아는 바가 없었다. 심리 치료만으로는 결코 치료될 수 없는 상태였고, 게다가 당시 우리는 기법을 가르칠 방법조차 알지 못했다.

대부분의 치료사들은 이 기법을 익히도록 도와주기는커녕 중대한 내부적인 접근이 무엇인지조차 알지 못했다. 나는 제대로 가르칠 수 있을지 의문을 가졌다. 심리 치료사로서 훈련을 통해 얻은 나의 첫 느낌은 '아니오'였다. 도저히 가르칠 수 없었다. 나는 매우 순진한 치료사만이 환자에게 치료가 진행되는 방식을 알려 준다고 훈련받았다. 포커싱에 대해 아무런 경험이 없는 사람은 내 설명이 무슨 뜻인지 잘 이해하지 못할 듯했다.

당시 심리 치료란 하나의 기술이며, 신비롭긴 해도 과학은 아니라고 여겨졌다. 어떤 사람들은 정확한 과학적 기법을 개발했다고 주장했지만, 선전용 과장 광고에 지나지 않았다. 박학다식하고 자신감으로 충만한 심리 치료사는 오로지 영화 속에서만 존재한다. 물론 각각의 심리 치료 학교는 자신만의 아이디어와 치료 기법을 가지고 있다. 하지만 자신의 기법이 제대로 효과가 없으면 당황하여 우왕좌왕 갈피를 못 잡는다. 더욱 안타까운 점은 그런 상황이 자주 발생한다는 사실이다.

아무리 훌륭한 심리 치료사라도 어떻게 해야 치료가 제대로 이루어지며, 인간 내면에 변화를 일으키려면 어떻게 해야 하는지, 정확하게 말로 표현하며 주장하지 못할 것이다. 오로지 치료 자체만이 그 방법을 가르쳐 줘야 한다.

우리의 연구는 아직 방법을 모르는 사람들에게 치료가 그 방법을 가르쳐 주지는 않는다는 사실을 보여 주었다. 또한 중대한 내면 행동이 무엇인지 매우 구체적으로 알려 주었다. 지금 그것을 가르칠 만하다고 여긴다면 순진한 것일까?

의구심에도 불구하고 나는 중요한 내면 행동들을 가르칠 만하게 바꿀 수 있는지 면밀히 살펴보기 시작했다. 많은 사람들의 도움을 통해 나는 드물게 나타나는 성공적인 환자들이 알고 있는 방법을 실행하기 위한 구체적인 지침들을 고안해 냈다. 우리는 가급적 많은 사람들에게 적용해 보고 수정하는 작업을 수년 동안 반복했다. 지침들은 매우 구체적이고 가르칠 만한 내용으로 수정되어 왔다. 다양한 지역에서 실시된 연구를 통해 내면 행동을 이행하는 방법들을 사람들이 효과적으로 배울 수 있다는 사실을 확인하였다.

중요한 내면 행동은 학습이 가능하지만, 치료에 의해서는 배우지 못한다. 당연히 배우기 위한 목적으로 일부러 환자가 될 필요는 없다. 이런저런 점을 미루어 짐작해 보면 그야말로 혁명과도 같다. 변화된 치료 과정은 더 이상 치료사가 담당할 필요가 없는 영역이 되었다. 사람들은 치료사 없이도 자신과 서로를 위해 수행할 수 있

몸의 지혜를 열다

기 때문이다.

물론 사람들은 서로에게 치료사도, 의사도, 권위자도 아니다. 그러나 의사라는 권위는 인간의 개인적인 변화 과정에 전혀 어울리지 않았다. 인간의 문제들은 본래부터 스스로 책임을 지게 되어 있다. 어떠한 권위자도 우리 자신의 문제를 해결하지 못할 뿐만 아니라, 우리에게 살아가는 방법을 말해 줄 수도 없다. 따라서 나와 동료들은 더욱 많은 사람들에게 문제를 스스로 해결하고 서로 돕는 방법을 가르쳐 왔다.

이 책은 실질적인 변화가 언제 당신의 내면에서 일어나는지 스스로 인지하고 경험하도록 도와줄 것이다. 독특한 신체 변화에 대한 느낌이 있을 것이고, 일단 경험하고 나면 스스로 알게 될 것이다. 우리는 그것을 '몸의 반전body shift'이라고 부른다. 심지어 한 번이라도 경험한 사람들은 지금 자신이 변하고 있는지를 더 이상 궁금해하지 않게 된다. 한 번의 경험만으로도 스스로 판단할 수 있기 때문이다.

새로운 집단을 대상으로 포커싱을 지도한 적이 있다. 그중 몸의 반전을 느낀 일부 사람들은 수년간 치료사와 상담했음에도 전혀 개선되지 않던 문제가 해결되는 경험을 하곤 했다. 그들은 보통 충격을 받고 내게 질문을 했다.

"지금까지 비싼 돈을 들인 심리 치료보다 더 많은 변화가 어떻게 단 몇 분 만에 일어나는 것일까요?"

사람들은 여전히 심리 치료사를 권위자로 생각한다. 비록 환자 스스로는 아무 변화를 느끼지 못하더라도 최소한 '의사'라면 치료가 어떻게 진행되는지 틀림없이 알고 있다고 생각한다. 만일 의사가 계속해서 내원해야 한다고 말하면 환자들은 반드시 필요한 경우라고 생각한다. 틀림없이 자신이 무언가 잘못되었다고 단정한다. 최근에 누군가 내게 보낸 편지를 읽어 보았다.

"치료를 해도 아무런 변화도 일어나지 않는다고 치료사에게 말했어요. 그는 마치 남은 인생 동안 월급을 줘야 하는 친구가 내게 있어도 괜찮지 않느냐는 듯한 표정을 지었어요. 나는 다시는 돌아가지 않았어요. 4년 동안이나 말이죠!"

완전히 혁명과도 같은 자가 치유가 일어나고, 사람들이 서로에게 도움이 되는 과정들을 배우고 실행한다면 전문적인 심리 치료는 더 이상 필요 없어질까? 그때가 되어도 전문가의 도움을 필요로 하는 수요는 늘 존재할 것이다. 특별한 훈련을 받은 사람들이라면 전문가에게 평범한 사람들이 할 수 있는 수준을 넘어서는 요구를 할 것이다. 그들은 자신들이 현재 도움을 받고 있는지 여부를 확실하게 인지하는 법도 알게 될 것이다.

진정으로 도움이 되는 치료를 찾기 위해서는 반드시 많은 치료사들을 경험해 보아야 한다(한 치료사당 몇 차례의 치료에만 해당된다. 몇 년은 너무나도 긴 시간이다). 약간의 변화가 일어나는 확실한 신체적 경험을 한 이후에 해당 치료사를 고용해야 한다.

나와 일부 동료들은 중요한 내면 행동을 가르칠 수 있다는 사실을 알게 된 후 치료 방식을 철저히 바꾸었다. 사람들이 도움을 요청하면 나는 더 이상 계속해서 말해 달라고 요청하지 않는다. 물론 전에도 해본 적은 없지만, 그들의 느낌을 지적으로 분석하지도 않는다. 또한 새로운 치료법인 듯이 사람들에게 같은 문장을 크게 읽도록 하거나, 무리 지어 똑같은 일을 반복적으로 해보라고 강요하지도 않는다. 많은 사람들이 자신의 느낌에 닿을 수는 있지만, 그다음에는? 사람들이 '직감'을 가지는 것은 괜찮다. 그렇다고 느낌이 변하지는 않는다.

포커싱은 느낌에 닿은 이후의 발전 단계이다. 처음에 막연히 감지되었던 다른 종류의 '내적 주의'에 관한 것이다. 그러면 구체적인 '내적 움직임'을 통해 포커싱이 되고, 신체적인 변화를 가져온다.

또 하나의 주요한 발견은 실제로 변화되는 과정에서 좋은 느낌을 준다는 것이다. 인간의 문제에 대한 효과적인 대처는 '자학 행위'가 아니다. 우리가 발견한 변화 과정은 신체에 자연스러운 현상이며, 몸이 알아서 느끼게 된다. 평소에 고통이 느껴졌던 곳보다 깊은 곳에서 처음에 막연히 신체적인 감지가 있었던 곳으로 중요한 움직임이 이동한다. 그곳에서 무언가가 분명하게 나타나는 경험은 안도감과 활기를 느끼게 해 준다.

새로운 관점에서 보면 전통적인 방식들은 대부분 고통 중심적으로 보인다. 사람들은 몸이 지닌 생명 중심적이며 긍정적인 경향과 힘을 사용하는 법을 알지 못한 채 고통스러운 느낌으로 거듭 빠져든다. 이런 방식으로 사람들은 계속해서 스스로 상처를 받는다. 새로운 주요 원리 중 하나는 변화의 과정이 기분을 좋게 한다는 것이다. 마치 악취가 풍기는 방에서 오랫동안 머물다 마침내 신선한 공기를 마시는 느낌이다. 그렇지 못한 상황이라면 자신의 행동을 멈추고 약간 뒤로 물러서야 한다.

이러한 핵심적인 기법을 일일이 말로 설명하기란 쉽지 않다. 그러기 위해서는 반드시 어느 정도 연습이 필요하다. 그러나 좀 더 다르게 생각해 보면, 아주 오랜 기간 동안 자신을 괴롭혀 온 문제들에 맞서 싸우기보다는 훨씬 더 쉽다. 비록 아무런 변화를 경험하지 못한다 하더라도 자신에 대해 더 잘 이해하는 계기가 된다. 스스로를 변화시키거나 문제를 해결하지 못하더라도 자신의 느낌을 확인해 볼 좋은 기회가 되는 것이다.

처음에는 일반적인 심리 치료가 역할을 제대로 수행하지 못한다는 연구 결과를 받아들이기가 힘들었다. 그렇다고 당신에게 상처를 주는 일 따위는 전혀 없다. 오히려 당신이 앞으로 나아가도록 도와줄 것이다. 만일 기존 치료법이 제대로 효과를 발휘하지 못한다면 우리는 치료법을 바꿔야만 한다.

무엇보다 가장 행복한 변화는 고비용에도 효과가 미미한 의사와 환자 간의 치료만이 아니라, 전반적인 사회생활에서도 변화를 유도한다는 점이다. 내면 행동은 훈련이 가능해서 우리는 심리 치료 환자가 아닌 다른 누구에게라도 방법을 가르쳐 줄 수 있다. 우리는 학교, 교회, 지역 문화 센터, 그 밖에 다른 많은 환경에서도 가르치기가 가능하다는 사실을 알게 되었다. 또한 누구든 매우 구체적인 방식으로 활용해 서로에게 도움을 줄 수 있다.

내면 행동을 설명하기에 앞서 나는 당신에게 진심으로 요청하고자 한다. 심리 치료나 내적 과정에 관해 기존에 이미 알던 지식들은 잠시 동안이라도 접어 두라. 지금 내가 당신에게 설명하려는 것은 느낌에 접속하는 친숙한 방식도, 내용 없는 고요한 명상도 아니다. 당신이 심리 치료사든, 환자든, 똑똑한 비전문가든 상관없다. 내면 행동은 당신에게 아마 무척이나 생소할지도 모른다. 이행에 필요한 내부적인 장치는 모든 사람들이 가지고 있지만, 대부분 사용하지 않고 있다. 일부 사람들만이 직관적으로 가끔 사용하기는 하지만, 당신이 의도적으로 실행하거나 가능성 자체를 알아차린 적은 전혀 없다. 단지 최근에 와서야 전문 서적에서 논의되고 있을 뿐이다.

어떤 사람들은 내적 방법을 매우 빠르게 익힌다. 반면에 어떤 사람들은 자기 내면의 소리를 듣고 어설프게라도 손볼 때까지 몇 주나 몇 달이 걸리기도 한다.

상처받은 내 마음의 소리를 듣는 심리 치유

변화

이 책을 통해 내가 알려 주려는 내면 행동이라는 과정은 완벽하게 자연스럽다. 그러나 이를 설명할 적절한 단어가 없어서 새로 용어들을 만들어야 했다. 나는 그 과정을 '포커싱'이라고 부른다. 당신의 내면에 자리한 특별한 신체적 자각과 접속하게 만들어 주는 과정이다. 나는 이 자각을 '감각 느낌feel sense'이라고 부르기로 했다.

감각 느낌은 반드시 형성되어야 한다. 당신은 내면에 주의를 기울여 감각 느낌을 형성하는 법을 배울 수 있다. 처음 당신에게 다가오면 모호하고 분명하지 않다. 하지만 단계들을 통해 포커싱과 변화에 작용한다. 감각 느낌은 특별한 문제나 상황에 대한 신체적인 감각이다.

감각 느낌은 감정이 아니다. 우리는 감정을 인지한다. 스스로 화나고, 슬프고, 기쁠 때가 언제인지 알아차린다. 감각 느낌은 당신이 처음 인지하는 모호하고 애매한 것이 아니다. 중요하게 느껴지지만 잘 알지는 못한다. 의미에 대한 신체 감각이다. 포커싱하는 법을 익힌다면 당신이 가진 많은 문제에 몸이 나름의 해답을 알려 준다는 사실을 알게 될 것이다. 그 과정이 변화를 이끌어 낸다.

포커싱에 치료사는 필요치 않다. 혼자 있거나, 언제 어떻게 조용히 지켜봐야 하는지 잘 아는 친구와 함께 있다면 당신은 포커싱의 효과를 얻을 수 있다. 치료사나 친구에게 가장 중요한 규칙은 포커싱을 하는 사람인 포커서focuser를 방해하지 않는 것이다.

대부분의 치료사들은 결과를 만들어 내는 것은 환자의 치료 과정이 아니라 바로 자신이라고 믿고 싶어 한다. 치료사들은 그런 행동이 환자에게 많은 영향을 미친다는 사실을 명심해야 한다. 환자의 말을 분석하고, 문제의 특성을 파악하고, 강연하고, 상태를 바꾸고 싶은 강한 유혹은 항상 존재한다.

당신의 문제를 제대로 알고 어디가 핵심인지 파악하고 있는 것은 오로지 당신의 신체뿐이다. 만약 내가 당신의 치료사라면 당신의 문제를 당신보다 잘 알고 있는 것처럼 이야기를 쏟아 내고픈 강한 유혹에 시달려야 한다. 하지만 나는 당신이 문제에 대해 말하도록 내버려 두지도 않을 것이다. 나는 당신에게 효과적인 포커싱 방법을 가르칠 것이고, 당신이 실행하는 동안 옆에서 지켜볼 것이다.

지금부터는 포커싱을 경험한 몇 가지 사례를 들어 보고자 한다. 포커싱을 구성하는 각각의 6가지 활동도 나중에 상세히 설명하겠다. 그 활동들이 성공적으로 수행되면 신체에 변화가 생기고, 감각 느낌이 나타나고, 문제가 달리 보이게 된다. 다음 사례들은 내가 포커싱을 가르치기 전이었다. 당시 나는 몸의 전환을 가져오는 변화들을 단지 설명만 해 줄 뿐이었다.

각각의 몸의 전환이 찾아오면 문제의 본질도 바뀐다. 항상 모호한 상태인 깊은 신체적 단계는 살펴보지 않은 채 사람들은 초반에 발생한 문제에 대한 생각과 느낌을 그대로 지닌다.

죽음이 평화를 가져다주리라 생각한 젊은 여성

어느 날 한낮이 되었을 무렵 페이가 전화를 했다. 그녀는 오전 내내 자살을 생각하며 시내 거리를 배회하고 있었다.

"인생이 문제투성이예요."

그녀가 말을 꺼냈다. 그녀는 너무나 지치고 절망적이어서 스스로 한계를 느끼고 있었다.

"이런 상황에서 계속 살아간다고 무슨 소용이 있나요? 도무지 어떻게 해야 할지 모르겠어요."

예전에 같이 대화했던 적이 있어서 나는 그녀의 삶을 약간은 알고 있었다. 그녀는 28살의 매력적인 여성이며, 몇 년 전에 많이 사랑했던 테드와 헤어졌다. 그녀는 그를 만나기 전에도, 그와 헤어진 이후에도 다른 남자를 사랑한 적이 없었다. 그가 떠난 후 그녀는 다른 남자들과 함께 시간을 보내며 또 다른 테드를 찾아 헤맸지만 결국 찾지 못했다.

"왜 그렇게 속상한가요? 조용히 1분 동안 왜 속상한지 생각해 보세요."

나는 일러 주었다. 생각보다는 빨랐지만 그래도 어느 정도 침묵이 흐른 후 그녀가 말했다.

"생리가 없어요. 임신했을까 두려워요."

지난번 대화에서 그녀는 따분하고 거만하고 둔감하며, 인간으로서가 아닌 오로지 섹스 파트너로서 자신에게 관심을 가지는 남자와 함께 지낸다고 했다. 그녀는 주말을 그와 함께 보낸 것이다.

"테드가 너무나도 그리워요!"

그녀는 전화기에 대고 목 놓아 울었다.

"그리고 지금 생리가 너무 늦어요. 임신했으면 어떡하죠? 오, 세상에! 이제 저는 어떻게 될까요?"

나는 또다시 그녀의 불안한 느낌이 수화기를 통해 흘러나오는 것을 느꼈다. 그녀는 포커싱에서 요구하는 대로 자신의 좀 더 깊은 내면에 주의를 기울인 상태로 평온한 상태를 유지하는 것을 어려워했다. 그녀는 감각 느낌이라는 더 깊은 곳으로 내려가지 못하고 고통스러운 느낌에 사로잡혀 있었다.

나는 그녀에게 포커싱에서 '첫 번째 활동'이라고 부르는 행동을 시작하라고 했다. 자신의 문제들을 잠시 한쪽으로 제쳐 놓고 한 발

물러서서 다시 살펴보는 행동이다. 어떤 면에서는 가구나 포장용 박스, 조그만 장식품들로 너무나도 어수선하여 앉을 자리조차 없는 방으로 들어가는 것과 같은 느낌이다. 당신은 물건들을 마구 밀쳐 내고 모퉁이에 자신을 위한 작은 자리 하나를 마련한다. 물론 방을 완벽하게 깨끗이 치울 필요는 없다. 그 물건들이 바로 당신 앞에 놓였던 문제들이며, 여전히 그곳에 존재한다. 그러나 지금은 적어도 당신이 있을 만한 공간이 생긴 것이다.

"지금은 한 발 뒤로 물러서세요. 기분 나쁜 물건들을 본인 앞에 잘 챙겨 두고 하나씩 집어 들어 살펴보세요."

그녀는 물건을 치우고 자신의 공간을 만들었다. 그녀가 생각하고 찾아낸 커다란 두 가지 문제점은 테드가 돌아오기만을 바라는 것과 임신했을지도 모른다는 두려움이었다.

"두 가지 중 무엇이 더 나쁜가요?"

"가장 고통스러운 것은 테드에 대한 그리움이에요."

그녀는 다시 흐느끼기 시작했다.

"외로움이에요. 아무도 다시 돌아와 주지 않는다는……. 아무 소용이 없어요."

불안한 마음에 그녀는 다시 자기 파괴적인 감정의 소용돌이에 휩싸이기 시작했다. 나는 그녀를 가로막았다. (이처럼 당신이 포커싱하는 법을 배우면 자신의 행동을 중단하는 법도 배우게 된다.) 그리고는 이렇게 말했다.

"그곳에서 아래로 한번 내려가 봅시다. 그보다 나쁜 것이 무엇인지 살펴보세요. 잠시 동안 고요히 거기에 머무르세요. 이제 모호한 신체 감각이 느껴지는 곳으로 이동해 보세요."

그녀는 무엇을 해야 할지 알고 있었다. 예전에 포커싱을 한 경험이 있었다. 만일 그녀가 자신에게 포커싱하지 않고 왜 나와 통화하기를 원했는지 당신이 묻는다면 대답은 간단하다. 그녀에게는 지금 곁에 있어 줄 사람이 필요했기 때문이다. 비록 전화기로 들려주는 친절한 목소리일 뿐이라도 말이다.

그녀처럼 당신이 감정의 덫에 걸려 도저히 빠져나갈 길을 찾지 못하고 있다면 아마 더욱 잘 이해할 것이다. 이런 일이 일어나면 단지 당신에게 필요한 것은 "괜찮아. 잠시 앉아서 조용히 생각해 보자"라고 말해 주는 친구의 목소리인 경우가 많다. 당신이 무기력해하며 스스로 감정의 소용돌이를 중단시킬 수 없을 때는 친구가 대신해 줄 수도 있는 것이다.

페이가 포커싱의 두 번째 활동으로 넘어가는 동안 나는 전화기에서 들려오는 고요함에 귀를 기울였다. 그녀는 '테드에 대한 모든 것이 사라지는' 느낌과 접속하고 있었다. 대부분의 숙달된 포커서들과 마찬가지로 그녀에게도 그런 활동들은 서로에게 흘러들어 하나로 합쳐지고 있었다. 마치 숙련된 골퍼나 장대높이뛰기 선수가 각각의 분리된 신체 동작들을 하나의 연결 동작으로 만드는 것과 비슷하다.

감각 느낌을 얻은 그녀는 그것의 특성에 맞는 '핸들handle'을 가지게 되었다(세 번째 활동). 핸들은 감각 느낌의 특성에 가장 알맞은 표현인 듯하다. 마침내 그녀는 느낌에 대한 단어들을 확인하고는 모두 옳다는 사실을 발견했다. 그녀가 말했다.

"그것들 모두가 분노와 유사한 단어들이에요. 도저히 이유를 모르겠어요. 마치 내가 화가 나 있는 것처럼······. 그런데 왜 내가 화를 내야 하는 거죠?"

그녀는 자신이나 내게 지적인 분석을 요청했지만, 나는 단 한 가지도 제공해 주지 않았다. 포커싱은 분석을 피하기 때문이다. 나는 그녀가 분석하는 것을 막기 위해 그녀에게 말했다.

"감각 느낌으로 돌아가서 자신의 분노가 무엇인지 물어보고 직접 확인해 보세요."

질문이 포커싱의 '다섯 번째 활동'이다. 그녀는 감각 느낌에게 분노가 무엇에 관한 것인지 직접 물어보았다.

그때 나는 그녀의 한숨 소리를 들었다. 나는 그녀의 내면에 있던 나쁜 무언가에 전환이 생겼다는 것을 알고 있었다. 포커서에게 전환이란 내면의 조밀했던 지역이 느슨해지며 나타나는 무언가의 변화나 움직임에 대한 명확한 신체적 느낌이다. 한 차례의 침묵이 흐르고 그녀가 말했다.

"저는 자신에게 화를 내고 있었어요. 이게 바로 대답이에요. 제가 사랑하지도 않고 아무런 느낌도 없는 남자들과 함께 잠자리를 하기 때문이에요."

분석이 해답을 만들어 내지는 않는다. 자신이 알아내기보다 감각 느낌에게 들어야만 하는 것이다. 그다음 다시 포커싱 활동을 통해 문제의 해결책과 관련된 전환을 기다리면 된다. 감각 느낌이 변할 때마다 아주 작은 전환이라도 일어난다.

다시 침묵이 흐르고 다음 단계가 진행되었다.

"특히 랄프와 함께 자는 바람에 제가 낙태를 해야 될지도 모른다는 생각이 들었어요. 그래서 자신에게 화가 났던 거죠. 저는 좋아하지도 않는 사람과 잠을 자는 자신에게 욕을 하고 있었어요."

또 한 번의 깊은 심호흡이 이어졌다.

가끔은 지금의 전환이 이전에 나타났던 전환을 분명하게 하거나 정교하게 만든다. 바로 방금 그녀에게 일어난 일이다. 그녀가 '자신에게 욕을 하고 있었어요'라고 말했을 때 이전에 있었던 전환에서 계속 이어진 것이다.

그러나 그녀의 다음 단계는 이전의 연속성을 바꾸어 놓았다. 포커싱을 할 때는 자신에게 일어나는 일들을 반드시 받아들여야 한다. 신체에서 나타나는 변화들이 논리적이지 않은 경우가 자주 있는데, 포커싱 중에도 예외는 아니다. 이는 예측 불가능하거나 대단히 황홀한 경험일 수도 있다.

"아주 낙심한 느낌도 있어요."

그녀가 말을 이었다. 잠시 후 그녀의 무거운 좌절감이 열리며 세부적인 내용들이 나타났다.

"모두 내가 좋아하지 않는 남자들에 관한 거예요. 나는 그들에게 성적 매력을 전혀 느끼지 못하는데……."

그녀는 잠시 동안 아무 말이 없었지만, 마치 자신에게 "낙심했어"라고 말하는 소리가 내 귀에도 들리는 듯했다. 확실히 그것은 느낌과 일치하지는 않았다. 만족하지 못한 것처럼 들리는 그녀의 목소리가 잘 말해 주고 있었다. 그녀는 감각 느낌으로부터 좀 더 정확한 단어를 들을 수 있지 않을까 하는 생각에 느낌을 다시 확인해 보았다. 그녀는 특정한 신체 감각과 연결하려고 시도했다.

페이의 이러한 경험은 포커싱에서는 일반적인 현상이다. 변화가 시작되지만 이상하고 묘하게 불완전한 것처럼 보인다. 그것은 전환의 시작을 알려 주는 신호이긴 하지만, 당신은 더욱 완전한 전환도 가능하다는 사실을 알고 있다(당신의 몸도 안다). 당신은 자신의 신체적인 느낌에 초점을 맞추고 느낌이 발생하기만을 기다려야 한다.

"지쳤어요!"

갑자기 그녀가 소리쳤다. 그녀가 안심하고 있다는 느낌이 목소리로 명확하게 전달되어 왔다. 완전한 전환이 일어났다는 의미였다.

"바로 그거예요. 정말 지쳤어요. 저는 남은 평생 동안 계속해서 따분하고 둔한 남자들만 만나며 시간을 보내겠죠. 성적 매력 따위는 절대 느끼지도 못할 거고. 게다가 그런 행동을 멈출 수도 없을 거라는 느낌이 들어요. 그런 남자들이 제 앞에 끝없이 줄을 서서 무표정한 얼굴로 서 있겠죠. 제 인생이 끝날 때까지 여러 줄로 연결되어 있는 모습이 보였어요. 저는 성적인 느낌이 없는 자신을 비난하고 있었어요. 이것이 그 이유예요."

나는 그녀가 좀 더 말을 하도록 기다렸다. 그녀는 포커싱을 통해 지금 자신에게 필요한 것을 이루었다고 분명 느꼈다. 그녀가 갑자기 이렇게 말한 것이다.

"기분이 훨씬 좋아졌어요. 너무 후련해요!"

후련하다고? 이성적인 관찰자인 내게는 그녀가 후련해할 이유가 어디에도 없었다. 그녀가 처음 내게 전화했을 때 존재했던 문제들과 그녀에게 자살 충동까지 불러일으킨 문제들은 여전히 남아 있었다. 그렇다면 포커싱을 통해 그녀가 이룬 것은 도대체 무엇일까?

그녀는 내면을 바꾼 것이다.

외로움이 문제가 되는 듯했다. 첫 번째 전환으로 그것은 그녀 자신에 대한 분노가 되었다. 두 번째 전환으로 그것은 그녀 자신에게 욕을 하는 느낌이 되었다. 그러자 아주 극심한 실망감이 찾아왔으며, 신체적인 해방감과 함께 그것은 그녀가 다시는 성적 느낌을 느끼지 못할 것이라는 확신으로 드러났다. 그녀가 마지막으로 감지한 순간에도 그것은 그녀의 몸 안에서 변화되었다.

이런 경우 사람들은 얼마나 많은 변화가 일어났는지 알지 못한다. 나중에는 포커싱의 실행 횟수를 좀 더 늘리는 과정이 필요하다. 하지만 신체적인 전환으로 변화가 일어났다. 어떤 변화는 심지어 단 하나로 한정된 깊은 내면에서 문제를 느끼고 접촉하는 단순한 신체적 완화로도 발생한다.

　처음 내게 전화했을 때 그녀의 나쁜 느낌들은 몸 구석구석으로 퍼져 있었다. 그녀의 몸 전체가 상처를 받은 상태였다. 그러나 지금 그녀는 문제를 신체의 일부분으로 국한시켰고, 문제도 전환되었다. 결국 그녀의 나머지 신체 부위들은 상처에서 해방된 것이다.

　포커싱은 그녀가 절망하고 있는 동안 도움을 주었다. 이후 몇 달 동안 그녀는 계속해서 포커싱을 통해 내면을 바꾸어 나갔다. 결국 그녀의 성생활과 삶의 몇 가지 고통스러운 측면들은 보상을 받았다. 그때까지 그녀는 포커싱을 하나의 생활 방식으로 만들어 갔다. 위기 시에 사용하는 치료 도구 이상이 되었고, 일상생활에 있어 편안하고 친숙한 일부분이 되어 매일 사용되었다.

스스로 부적합하다고 느끼는 남자

　내가 프레드라고 부르는 남자는 한 번도 벗어나 보지 못한 응어리가 가슴에 맺혀 있었다. 어떤 날에는 응어리가 더 아파 오곤 했다. 그가 처음이면서도 효과적으로 포커싱을 했던 날에 특히 그랬다. 그날은 시작도 나빴고 사장과의 다툼도 있었다.

　제조 회사의 영업 이사인 프레드는 재미있는 사람이었다. 회사는 예전보다 실적이 좋지 않았지만, 그는 판매 조직을 다시 구성하여 문제를 해결할 수 있다고 믿고 세부 계획을 짜 놓은 상태였다. 덕분에 그는 자신이 창의적이라고 느끼게 되었다. 그러나 그의 계획은 회사의 일반적인 판매 철학에 비해 상당히 과감한 변화를 포함하고 있었다. 결국 그는 사장과 말다툼을 하게 되었다.

언쟁으로 인한 감정의 찌꺼기가 프레드의 가슴에 자리를 잡고는 하루 종일 머물렀다. 일을 마친 저녁에 그는 그다지 효과가 없던 익숙한 접근법들을 모두 시도해 보았다. 그러는 동안 자신에게 설교했다.

"침착해야 해! 사소한 문제들이 나를 너무 망쳐 놓았어. 반드시 이겨 내야 해! 냉정을 잃지 말자!"

자기 설교self-lecture가 끝나고도 여전히 프레드의 가슴에는 응어리가 남았다. 그는 사장과의 논쟁을 떠올리며 주변을 이리저리 서성이다 혼잣말을 했다.

"사장이 그런 말을 했을 때 나는 다르게 말해야 했어."

물론 프레드의 행동은 감정적 긴장만 더 높일 뿐이었다. 그는 문제가 생기지 않은 척 속임수도 써 보며 자신에게 말했다.

"실제로는 아무 일도 일어나지 않았어. 사장은 이번 일이 있기 전부터 오랫동안 내 의견을 알고 있었지. 나도 사장의 생각을 알고 있었고. 언쟁은 아무것도 바꾸지 못했어. 숨겨져 있던 문제가 말다툼으로 공공연히 드러났을 뿐이야. 그렇다면 나는 기분이 나쁘기보다 좋아야 해. 맞아! 나는 지금 기분이 너무 좋아!"

그러나 그의 가슴은 믿지 않아서 계속 응어리가 남았다. 그는 분석하려고 애썼다.

"사장은 구시대적인 사람이야. 일 처리도 옛날 방식을 고수하고 변화를 두려워해. 그것이 바로 사장의 약점이지. 내 약점은 기본적으로 권한을 가진 연장자를 두려워한다는 건데……."

그래도 그의 내면은 여전히 긴장을 늦추지 않았다. 개인적인 문제의 분석이 모두 사실일지라도, 그것이 무엇인지 직접 느끼기 위해 내면으로 들어가는 것과는 사뭇 다르다.

그는 기분 전환을 위한 모든 노력이 수포로 돌아가자 바에 가서 술을 두어 잔 마셨다. 하지만 그저 기분이 조금 나아질 뿐이었다. 몸 안으로 들어온 알코올 덕에 고통이 조금씩 잦아들었을 뿐, 아직도 가슴속 응어리가 느껴졌다.

그날 밤늦게 술에서 깬 그는 포커싱을 시도했다. 이미 몇 주 전에 내게 포커싱을 배웠지만 지금까지는 잘되지 않았다. 이제 그는 침대 가장자리에 앉아 쉽게 포커싱을 하는 자신을 발견하였다. 아래는 그가 내게 알려 온 내용이다.

"나는 내면을 닫고 머릿속에서 요동치는 설교와 논리적 분석을 포함한 모든 소음들을 중단했어요(적어도 소리를 줄였어요). 단지 사장과의 다툼이 아니라 그 문제를 둘러싼 수천 가지의 세부적인 느낌을 얻기 위해, 나의 일과 미래에 관한 모든 관심사와 내가 인생에서 무엇을 하고 있는지에 주의를 기울였죠."

이러한 크고 모호한 느낌이 바로 내가 '감각 느낌'이라고 부르는 것이다. 다음으로 그는 감각 느낌의 핵심을 조사했다. 그는 명확하지 않은 불편한 느낌을 가지고 있었다.

"나는 자신에게 '그중 가장 나쁜 것은 무엇인가?', '가장 고통스러운 곳은 어디인가?'라고 물었어요. 그것의 특성을 파악하려고 노력했는데, 너무나 이상하게 자신에게 말을 걸 수 없었어요. 뭔가 낯선 느낌이었죠. 벽에 삐뚤게 걸린 그림이나 책꽂이에 거꾸로 꽂힌 책처럼 뭔가 제대로 되지 않은 느낌이었어요.

그럴듯한 단어를 찾던 나는 '낯선', '벗어난'이라는 단어를 얻었어요. 확인해 보니 정확하지는 않아도 완전히 잘못된 단어는 아니었어요. 나는 의미에 아주 근접했다고 여겼죠. 거의 생각날 듯 혀끝에서 맴도는 느낌이었거든요. 마치 퀴즈 쇼에서 정답은 알지만 말로 설명하기는 어려운 느낌이었어요.

예전에는 포커싱을 통해 그렇게 멀리까지 가 본 적이 없어요. 만일 선생님께서 항상 말씀하신 감각 느낌을 몰랐다면 그런 느낌을 가지지도 못했을 거예요. 이제는 나도 느꼈다고 생각해요. 순간 '부적합한'이라는 단어가 떠올랐어요. 나의 단어였죠. 그러자 단단히 죄어 있던 내면이 느슨해지면서 나의 응어리를 느꼈어요. 곧바로 알아차렸지요."

그에게는 개별적인 질문 활동이 필요하지 않았다. 몸의 전환과 해방감이 단어와 함께 찾아왔기 때문이다. 그의 몸이 느꼈던 '부적합한'이라는 단어는 직장에서 일어난 자신의 모든 행동들을 설명한다. 즉, 사장과 벌인 논쟁이나 판매 조직을 재편성하기 위해 공들인 계획 등 모든 것이 부적합했다. 그의 직업은 인생에서 진정으로 원하던 일이 아니었기 때문이다.

그는 자라면서 현실에 익숙해졌고, 젊은 시절의 꿈들도 모두 놓쳐 버렸다고 오랫동안 생각해 왔다. 그러나 지금은 응어리가 내면에서 느슨하게 풀어지는 느낌인 몸의 전환을 통해, 그는 '부적합한'이라는 단어와 함께 등장한 무언가를 알게 되었다. 그는 한순간에 모든 것을 깨달았다. 그가 알게 된 내용은 다음과 같다.

"재편성 계획에 그토록 화가 난 이유는 그 계획이 내 인생을 개선해 주길 바랐기 때문이에요. 덕분에 어리석은 행동을 하고 말았죠. 내 인생에서 요구하는 바가 너무 커서 그 계획으로는 불가능한데도 말이죠. 그걸 몰라서 나는 직장에서 함께 지내기 힘든 사람이 되어 버렸네요. 마치 내가 계획에 안 맞는 엄청난 느낌의 세기에 반응한 것 같아요. 내 느낌의 세기는 그 계획에 부적합했고, 직장에서도 부적절하게 행동했던 거예요.

물론 나의 일이 창의적이라고 느낄 수 있기에 그 계획을 원했다는 것은 알아요. 그러나 그 계획이 내 인생의 전부가 되도록 내버려 두었다는 점은 몰랐어요. 내가 실행하지 못하는 부분이었죠. 내가 냉정함을 찾지 못했던 것은 아마도 당연한지도 몰라요."

프레드는 자신이 그 계획에 무엇을 투자했는지 몰랐지만, 그의 몸은 알고 있었다. 이제 그에게 필요한 것은 '질문'이었다.

그는 이미 답을 알고 있다고 생각했기 때문에 분석적으로 판단할 수 없었다. 만일 누군가가 그에게 충분히 생각해 보라고 했다면, 아마도 그 계획은 자신이 원하는 창의적인 사람이 된 느낌을 주었다고 대답했을 것이다. 그런 단순하고도 진실한 대답으로 인해 그는 문제가 자신의 몸 안에 있다는 실제 상황을 바로 받아들이지 않았을 것이다. 또한 그의 마음이 일에 관한 세부 내용과 사람들로 관련된 생각으로 가득 차 있어서 분석적으로 판단할 수도 없었다.

그날 저녁 프레드는 내면의 긴장이 풀릴 때까지 포커싱을 통해 이야기를 만들어 갔다. 페이의 사례와 마찬가지로 프레드 역시 실질적으로는 자신의 문제를 완전히 해결하지 않았다는 점에 주목할 필요가 있다. 하지만 그는 자신이 원하지 않는 일에서 분리되어 재편성 계획에 관해서도 편안해졌다. 그는 자신의 계획이 훌륭하다고 생각해 계속 밀고 나갈 테지만, 다른 사람들의 반대에 좀 더 귀를 기울이고 보다 쉽게 자신의 계획에 포함시킬 것이다.

이로써 업무에 따른 그의 직접적인 긴장은 풀렸다. 그로 인한 몸의 전환은 또 다른 변화들을 유발했다. 그의 인생을 변화시킬 특별한 무언가가 아무 대가도 없이 일어났다. 그는 다음과 같이 말했다.

"나의 계획을 포함한 많은 계획들이 받아들여지더라도 업무에 만족하는 일은 전혀 없을 것이라 생각했어요. 아마도 제가 틀렸나 봐요. 지금 아주 기분이 좋거든요. 평소 같으면 낙심을 해야 하는데 말이죠. 분명 나는 인생을 그렇게 바꿀 수는 없어요. 그에 대해 지금까지 생각해 보지 않은 것은 아니에요. 그러나 한편으로는 무언가 다른 것을 원하는 나의 내면 역시 이전보다 좀 더 해방되었죠. 바로 내 안에 있는 삶에 대한 욕망이었어요. 나는 더 이상 그것을 억압할 필요가 없어요. 이유는 모르지만, 내 안에 자리한 것이 약간 들떠서 말하네요. '우리는 변할 거야!' 사실 아직은 어떻게 해야 할지 몰라요. 만약 내가 순수하게 객관적이라면 분명 낙담할 거예요."

물론 그의 삶을 바꾸기 위해서는 포커싱뿐만 아니라 몇 가지 실질적인 단계들도 필요했다. 또한 외부의 실질적 단계와 더불어 내면의 두려움이나 다른 장애물들을 만나기 위해서는 좀 더 많은 포커싱이 요구되었다. 그는 처음에는 내부와 외부의 변화들이 무엇을 위해 자신에게 다가오는지 알지 못했다. 그러나 그때 이후 완전히 새로운 삶이 열렸으며, 실제로 그는 자신의 직업을 바꾸지 않고도 새로운 관심사들을 실천할 수 있게 되었다.

프레드는 더 나은 발전을 이루었다. 아마 다른 사람이라면 같은 상황에서 직업을 바꾸거나, 아니면 재편성 계획을 정확하게 실행할 필요가 없다는 사실에 안도했을지도 모른다. 일반적으로 포커싱은 더 깊은 단계로 이끌어 주지만, 가끔은 깊은 내면이 평화로운 상태여서 더 이상 변화가 필요 없는 경우도 발생한다. 반면 그의 사례에서는 삶의 새로운 방향이 시작되었다.

예전에는 그에게 업무에 관한 설명을 붙여 보라고 한다면, '나의 내면을 곤경에 빠뜨리는 지극히 중요한 업무'라고 썼을 것이다. 이제는 자신의 업무를 '삶의 작은 일부'라고 여긴다. 같은 업무, 같은 사람이라도 자신의 인생 목표에 완전히 새로운 전망을 지닌 사람이 자기 업무를 가장 잘 처리한다.

대학을 무서워한 소녀

처음 에블린을 만난 것은 그녀가 누구에게나 열려 있는 모임인 시카고의 '체인지Change'를 찾았을 때였다. 그들은 포커싱을 실행하면서 서로의 말에 귀를 기울이며 다양한 방식으로 돕고 있었다.

에블린에게는 삶의 목적도 목표도, 관심을 끌 만한 것도 없었다. 그녀는 시간제로 일하고 있었지만, 자신에게 맞는 직업에 대해서는 생각조차 하지 않았다. 또한 남녀 간의 관계에서 진정한 성적 만족을 얻지 못한다면 성적 착취라고 느꼈다. 그녀는 과체중에 흐릿한 눈빛을 하고 슬픈 표정을 지었으며 아주 조용한 편이었다.

포커싱에 참여하거나 관련 리포트를 낸 사람들 중에는 간혹 내가 설명하는 포커싱의 단계들을 어렵게 생각하는 사람들이 있다. 포커싱을 하면 개인의 내면으로 들어가 풍요로움을 발견한다. 포커싱은 자신과 다른 사람들의 내면에 존재하는 풍요로움을 보여 준다. 이 풍요로움을 경험한 사람이라면 아무도 인생이 절망적이라고 생각하지 않을 것이다.

사실 세상 누구도 하나의 '전형'으로 볼 수는 없다. 전형이란 사람들의 표면적이고 일시적인 측면만을 나타내기 때문이다. 체인지로 찾아오는 사람들이 이 점을 반복해서 보여 준다. 파괴되고, 좌절하고, 무기력하고, 따분한 모습으로 내게 처음 충격을 주었던 사람이 나중에는 독특하고, 훌륭하고, 매력적인 사람이었던 것으로 밝혀지기도 한다.

나는 에블린의 첫인상을 기억한다. 에블린이 포커싱을 할 때마다 로리라는 여성이 귀 기울여 들어 주었지만, 아무래도 힘든 상황이었다. 그녀는 전혀 느낌이 없는 듯했다. 그녀는 오로지 외부 환경과 다른 사람들에 관해서만 말할 수 있었다. 자신의 내면에 느낌이 없다는 사실이 그녀를 더욱 불안하게 만들었다.

이미 몇몇 학교와 지역의 치료사들이 에블린을 도와주기 위해 노력했지만, 주목할 만한 성과 없이 모두 헛수고가 되고 말았다. 사실상 그들은 가망이 없다며 그녀를 포기했다. 하지만 로리는 그녀를 포기하지 않고 낸시라는 다른 여성에게 도움을 요청했다. 그녀를 돕던 두 여성은 느낌이 없어서 불안해하는 것 자체가 느낌이라는 사실을 깨달았다. 두 여성과 함께 다른 사람들도 그녀의 말을 경청하며 몇 개월 동안 포커싱을 하도록 도와주었다.

이 책을 쓰기 위해 나는 체인지 사람들에게 상담 내용 중 일부를 녹음해 달라고 요청했다. 에블린의 사례가 그중 하나였다. 그녀는 커다란 성과를 만들어 낼 특별한 포커싱 수업을 내가 진행하도록 허락해 주었다.

해당 수업이 진행되기도 전에 에블린은 이미 다른 사람이 되어 있었다. 그녀는 총명했으며, 사상가처럼 정확하게 자신의 느낌을 구별할 수 있었다. 그녀의 내면에는 여성처럼 보였던 처음 모습과는 정반대되는 것들이 존재했다. 포커싱 비법 수업이 진행되는 동안 그녀는 자신의 교육에 대해 염려했다.

"저는 대학에 가야 한다고 생각해요. 모든 사람들이 대학에 가야 한다고 말하고 있고, 저도 좋은 충고라고 생각해요. 만일 흥미를 느끼는 일을 하고 싶다면 그래야 한다는 사실을 잘 알고 있다는 말이에요. 하지만 저는 그러고 싶지 않아요."

잠시 침묵이 흘렀다.

"사실 저는 모든 것을 다 포기해야만 해요. 학비를 대려면 정규직을 구해야 하고, 그러면 살아갈 시간조차 없겠죠. 모든 것이 긴장의 연속일 거예요."

그녀는 스스로 말을 끊었다. 그녀는 자신의 문제를 알고 있었으며, 오랫동안 머릿속에 들어 있던 익숙한 이유들을 반복했다. 고요하게 포커싱을 하면서 자신에게 나타나는 것을 조용히 살펴볼 때가 된 것이다. 그녀는 한숨을 쉬었고, 긴 침묵이 흘렀다. 마침내 그녀가 입을 열었다.

"글쎄요, 생활비는 벌어야 하고 시간은 없다지만, 그게 전부는 아니에요. 사실이 아니라고요."

그녀는 울기 시작했다.

"강한 확신 같은 것이 필요해요. 제게 어떤 자질이 있다고 진지하게 믿거나. 저는 이성적인 자질을 말하는 거예요. 두뇌나 창의력 같은……. 저는 이성적인 사람들과 함께하고 싶어요. 독서와 토론을 좋아하고 세상을 궁금해하기도 하죠. 하지만 저는 이 이성적인 자질을 심각하게 여겨요."

그녀는 자신의 첫 번째 전환을 달성했다. 그녀의 내면에 빽빽하게 조여 있던 부분이 느슨해졌다. 그녀의 울음은 해방감을 보여 주는 확실한 증거였다.

또다시 침묵이 흘러 이제는 두 번째 전환이 일어날 차례였다. 포커싱에서 자주 일어나는 현상은 생각의 방향이 바뀌고 새로운 관점이 추가되는 것이다. 이것은 예전에 자신이 했던 말과 모순되어 나타날 수도 있다.

"글쎄요, 그건 정확하지는 않아요. 저의 이성적인 자질을 심각하게 여긴다는 것 말이에요. 저는 이성적일 수 있지만, 학교가 그것을 방해하잖아요. 학교는 제가 그렇게 사고하는 것을 막을 거예요. 학교가 항상 너무나 고통스럽게 느껴지는 이유예요. 제 자신을 진지하게 받아들일 확신이 없으니까 선생님들이 '너의 생각이 좋네'라고 말해 주길 원해요. 이성적인 사람들이 '그래, 넌 괜찮아. 넌 사고할 수 있어'라고 말해 주기를 원하고요.

하지만 그런 선생님은 없었어요. 아무도 저의 이성적인 자질을 원하지 않았어요. 그들은 항상 허드렛일이나 생각 없이도 할 수 있는 일들만 시켰어요. 그래서 저는 스스로 내면의 자아로 돌아가도록 강요해야 했어요. 저의 이성적인 자질을 아무도 원하지 않아서 멀리 떨어진 곳에 숨겨 놓아야 했어요. 마치 제가 드러나기를 싫어하는 것과 같아요. 학교로 돌아가는 것에 대한 제 느낌이기도 하고요. 코치님도 알고 계시는, 제 자신을 가두는 그 느낌이죠."

테이프에는 각 주기와 다음 주기 사이에 침묵하는 부분이 있었다. 바로 그녀가 포커싱을 실행하는 부분이었다. 문제와 관련하여 몸에 전환이 발생할 때마다 그녀는 다시 말을 이어 갔다. 자신의 문제를 두고 지금 그녀가 하는 말은 아주 다채로웠다. 또다시 침묵이 이어지고, 그녀는 포커싱을 하는 듯했다.

그녀는 오로지 자신이 말한 문제에만 집중하지는 않았다. 대신 그녀는 전체적으로 불쾌한 느낌, 즉 여전히 풀리지 않은 듯 새롭고 모호한 몸의 느낌에 포커싱을 했다. 이런 식으로 그녀는 자신이 말한 문제의 생각과 느낌에 갇히지 않았다.

어떤 문제가 각각의 몸의 전환에 해당하는지 주목하라. 이것이 처음에 오직 문제와 관련된 생각과 느낌에만 포커싱하여 해결하려는 시도가 별 도움이 되지 않는 이유이다.

그녀는 다시 울기 시작했다. 이제 그녀에게 또 다른 전환이 일어났다.

"선생님들이 생각하는 것과는 달라요. 음, 제가 드러나는 것을 막고 있는 내면의 불신이에요. 바로 제 자신 말이에요. 저는 많은 기대를 안고 대학에 갈 것이고, 평소와 같은 학교생활을 하겠죠. 다시저는 실망하고 상처를 받을 겁니다. 항상 똑같을 거예요. 맞아요. 그것이 바로 지금 제게 드는 느낌이에요. 절대 변하지 않을 거라는느낌 말이에요."

그녀는 한숨을 쉬었다. 잠시 고요가 흐르고, 또 다른 전환이 일어났다.

"아, 맞아요. 단지 그것만은 아니에요. 밖으로 드러나지 않는 것인데, 학교는 아니에요. 늘 그랬어요. 거의 모든 것에서 저에 관해그렇게 느껴 왔어요. 너무나 오랫동안……."

침묵이 흘렀다. 그녀는 다시 내면의 소리를 들었다. 마침내 그녀가 입을 열었다.

"제게는 자신을 내면에 가두어 두려는 경향이 있어요. 왜냐하면……, 제가 봐서는 안 되는 것이 있기 때문이에요. 만일 제가 드러난다면 그것을 보게 되겠죠. 네, 맞아요."

그녀는 한참을 울었다.

"무엇인지는 모르지만, 제가 보면 안 되는 뭔가가 있어요. 물론제가 드러나면 볼 수 있을 테지만요. 안 돼……. 사람들이 보게 될거예요. 나도 보게 될 거고요. 그래서 저는 뭐든 봐서도 들어서도안 돼요. 아, 저는 항상 혼란스러워요."

다시 그녀는 울었다.

"저는 혼란스러운 상태로 아무것도 보지 못한 채⋯⋯ 살아야 해요. 사람들이 그것을 보지 못하게 하려면 제가 드러나선 안 돼요."

그녀가 그 무언가의 감각 느낌에 포커싱을 하는지 오랜 침묵이 이어졌다. 아주 오랫동안 테이프에는 고요한 침묵뿐이었다. 사람들에게 절대 보여서는 안 될 무언가가 그녀 자신을 내면에 가두어 버렸다. 알려지지 않은 그 무언가는 그녀에게 잘못된 것이어서 항상 보지 않으려고, 마주치지 않으려고 애썼다. 그것과 마주치지 않기 위해 노력하는 과정에서 너무나도 확실하게 그녀는 스스로 무언가를 보거나 듣기를 막아 왔던 것이다.

테이프에서는 조용하게 아무 소리도 들리지 않았다. 그래도 나는 그녀가 막연한 감각 느낌, 즉 '자신이 마주쳐서도, 사람들이 봐서도 안 되는 그녀에 관한 무언가'의 모든 감각 느낌에 포커싱을 하고 있다는 사실을 알았다.

그녀의 울음소리가 들렸다.

"제게 무언가 잘못된 것이 있어요! 제가 드러나면 사람들이 보게 되겠죠."

또 다른 전환이 찾아왔다.

"그게 전부예요."

잠시 후 그녀는 계속해서 말을 이어 갔다.

"저 아래 깊은 곳에서 아주 오래된 느낌이에요. 그 무언가는 제

상처받은 내 마음의 소리를 듣는 심리 치유

게 끔찍하게도 잘못되었어요. 도대체 모르겠어요. 무언가 끔찍한 것인데……. 그래서 저는 조심해야 하고 드러나서도 안 돼요. 그러면 사람들이 볼 것이고, 저도 봐야 하니까요."

대학 진학에 관해 그녀의 몸이 진정으로 느끼는 것이었다.

그녀가 포커싱을 하지도 않고, 자신의 내면과 접촉하지도 않았다고 생각해 보라. 모든 내면적 의혹에도 불구하고 그녀가 이를 악물며 억지로 대학에 가도록 자신을 강요했다고 상상해 보라. 이런 몸의 느낌을 가진 상태에서는 대학 생활도 끔찍할 수밖에 없을 것이다. 아마도 그녀는 자신 앞에 놓인 장벽을 계속 느꼈을 것이고, 이것이 바로 학교가 늘 했던 방식이라고 말했을 것이다. 물론 사실이긴 하지만, 단지 커다란 진실의 일부에 지나지 않다.

이제 그녀는 괜찮아졌다. 그녀의 몸 중 가혹하고 비참한 부분들은 제한되었고, 나머지 부분들은 해방되었다. 몸의 느낌이 달라졌기 때문에 그녀는(프레드처럼) 이전에는 어렵거나 불가능했던 실질적인 단계들을 실행하고 새로운 방식을 취할 수 있게 되었다.

오래된 감각 느낌은 그녀가 대학에 가고 '밖으로 드러나는' 것을 허락하지 않았을 것이고, 그녀의 말대로 '이성적인 자질'을 효과적이고 쾌활하고 자신감 넘치는 방식으로 끌어내게 하지도 않았을 것이다. 하지만 오래된 감각 느낌이 바뀌었다. 변화된 감각 느낌은 그녀가 희망과 기대를 가지고 대학에 진학하게 해 줬을 뿐만 아니라, 대학에서 자신이 하는 일에 관심도 가질 수 있게 했다.

드러난 문제가 한 번에 모두 해결되지는 않아서 그녀는 다른 학생들보다 열심히 노력해야 했다. 그녀가 이성에 대한 애정을 보여주지 못한 기간이 있었지만, 결국 그녀의 창의적인 사고 능력은 점점 더 많이 드러났다. 그녀도 그것을 알아차리고 신뢰하게 되었다.

오로지 그녀의 몸 전체가 느끼는 방식의 변화를 통해서만 가능한 일이었다. 에블린의 사례는 포커싱에 대한 중요한 특징을 설명해 준다. 상황을 합리적으로 분석하려는 사람들에게는 권장하지 않는 것처럼 드러났을 때조차 특이하게도 당신은 더욱 좋아진다는 것이다.

포커싱 과정에서의 한 가지 효과는 숨겨진 개인적 지식의 조각이 의식적인 인식 단계로 올라온다는 점이다. 사실 이것이 가장 중요한 효과는 아니다. 몸의 전환, 즉 감각 느낌의 변화가 포커싱 과정의 핵심이다. 몸으로 감지된 지식의 강화(사실상 몸에서 마음으로의 지식 '전송')는 모든 포커서들이 경험한다.

종종 전송된 지식은 어려운 문제의 일부가 되거나, 당신의 기분을 더 나쁘게 만들 수도 있다. 결국 당신은 예전에는 몰랐던 나쁜 무언가를 알게 된 것이다. 논리적으로는 당신의 기분은 더욱 나빠져야 하지만, 실제로는 오히려 더 좋아지게 된다.

당신의 몸이 보다 나아지며 자유롭고 이완된 느낌을 받기 때문에 기분도 좋아진다. 몸 전체에 있던 압박감이 줄어들고 활기를 되찾는 것이다. 당신은 몸 전체에 나쁜 영향을 주던 문제를 작은 부위로 제한한다. 그로 인해 즉각적으로 자유로워진 느낌은 당신에게 몸의 전환이 있었음을 알려 준다. 문제의 해결책을 향해 몸이 이동하는 것이다.

또 다른 이유도 존재한다. 처음에는 아무리 두렵고 다루기 힘든 문제라도 다음 전환에서 매우 달라질 것이라는 사실에 포커서가 익숙해진다. 기분을 나쁘게 만드는 무엇이든 마지막 단계까지 이어진 경우는 없다.

두 가지 이유로 인해 '무언가 끔찍한 것'이 항상 자신에게 문제만 일으켜 왔다는 느낌과 접속하자 에블린은 기분이 더 좋아졌다. 원인 불명의 부정한 것이 나타날까 두려운 마음에 자신을 계속해서 숨겨 왔다는 사실을 우연히 알게 되면, 분석적인 관찰자에게는 마치 악몽처럼 여겨질지도 모른다. 그러나 에블린의 기분은 더 나아졌다.

에블린이 분명 울긴 했지만, 안도감이 들어서였다. 마침내 그녀의 몸에 갇혀 있던 내면이 내는 소리를 들었기 때문이다. 울음은 종종 오랫동안 갇혀 있던 자아를 최초로 동요시키는 행위가 된다. 그녀가 그러한 느낌에 접속하자 몸의 전환도 좋은 반응을 보였다. 더구나 그녀는 예전의 다른 이들처럼 추가적인 포커싱을 통해 깊은 곳으로 이동할 것이라고 확신했다.

당신이 포커싱을 잘하고 있을 때에는 자신에게 다가오는 어떠한 느낌도 반갑게 느껴진다. 당신은 자신의 내면 느낌이 말하는 "넌 끝났어!"를 들을지도 모른다. 당신은 그 말에 온화하게 이해심을 가지고 주의를 기울이며 말할 것이다.

"오, 흥미롭군. 끝난 느낌이라니. 내면에 그런 느낌이 존재한다면 내가 갇혀 있다고 느끼는 것도 당연하지. 드디어 나타나 줘서 고맙군. 어디에서 그런 느낌이 비롯되었는지 알아보자."

당신이 예전에 단지 몇 분 만에 스스로의 문제를 신체적으로 변화시키고 해결하는 느낌을 경험했다면 이런 태도를 취할 수도 있다.

에블린의 녹음 수업이 끝나고 몇 개월 후 체인지의 대규모 그룹 회의에 대략 80명 정도 되는 사람들이 모였다. 방 안을 흘끗 둘러보다 강렬하고 이지적인 눈매를 가진 아름다운 여성이 중간쯤 어딘가에 앉아 있는 모습이 보였다. 나는 "도대체 누구지? 모임의 새로운 회원인가?"라고 혼잣말을 했다. 순간 나는 그녀가 에블린이라는 사실을 깨달았다.

그녀를 마지막으로 본 지 겨우 몇 주밖에 지나지 않았지만, 아마도 나는 한동안 그녀를 가까이에서 본 적이 없었을 것이다. 나는 그녀의 지적인 영특함을 잘 알고 있었다. 심지어 나의 저술 작업을 도와주기까지 했지만, 그런 모습의 에블린은 지금까지 보지 못했다!

사람이 변하면 신체적인 모습도 변한다. 처음에는 외견상 뚜렷하게 나타나지 않을 수도 있다. 몸의 전환에 따른 순간적인 이완과 편안함, 더 나은 혈액 순환과 깊은 호흡 등을 제외하면 말이다. 그러나 오랜 기간 동안 다양한 문제로 많은 전환을 경험하면서 얼굴과 행동, 몸 전체에 확실히 눈에 띄는 변화가 나타난다. 실로 놀라운 변화라 할 수 있다.

이후 에블린은 자신에게 잘못된 느낌이 무엇이었는지 추적해 보았다. 그것은 어머니에게서 비롯된 것이었다.

"에블린에게 무언가 잘못된 것이 있어요. 얘는 다른 아이들과 달라요."

그녀는 자신에게 향하는 어머니의 근본적이고 지속적인 태도를 느낄 수 있었다. 결국 자신에게 가득 밀려들었던 부분의 답답함이 풀리고 커다란 '느낌 장애물'이 전환되었기 때문에 에블린은 많은 위안과 울음을 통해 그 사실을 알아냈다.

후기

에블린은 최근 부모님을 방문했다. 어느 날 저녁 어머니가 아이들에 대한 일련의 강연에 참석하기 위해 외출했다. 뛰어난 영재들에 관한 강연이었다. 흥분한 상태로 귀가한 어머니는 강연이 정확하게 에블린의 어릴 적 모습을 설명하고 있었다고 말했다. 어머니는 자신이 항상 에블린을 이상하게 대했다는 사실을 마침내 깨달았다.

일할 수 없는 남자

"지금 내가 쓰고 있는 책을 마무리하기에 어려움이 많아요. 모두 내가 직접 해야 하기 때문입니다. 내가 할 필요가 없었으면 좋겠어요. 하지만 나는 세상과의 연결도 끊어진 채 옴짝달싹 못 하고 있어야 합니다. 이제 다시는 어떤 일에도 흥미를 느낄 수 없을 것 같아요. 내가 할 수 있는 일이라곤 오로지 저기에 앉아서 창밖을 응시하는 것뿐이니까요. 지금은 실제로 글쓰기는 할 수 없어요. 만약 아이디어를 하나 떠올린다면 앉아서 '조지, 이쯤에서 자네가 아이디어를 하나 떠올렸다는 건 정말 훌륭한 일이야'라고 자신에게 말하겠죠. 그리고는 밖으로 나가 미스터리 소설을 읽고 싶은 기분입니다."

조지가 말했다. 나는 그에게 말해 주었다.

"'옴짝달싹 못 하는', '연결이 끊어진'에 대한 몸의 느낌이 어떤가요? 그 점에 포커싱해 보세요."

그는 약 1분 동안 고요하게 앉아서 눈을 감았다. 그러고는 "뭔가의 느낌인데……. 아니에요"라고 말하고는 멈추었다. 그는 분명하게 느낌을 받았고, 단어를 유추하기 위해 노력했다. 단어들은 나타났지만 자신의 느낌으로 확인해 보니 정확하지 않았다. 그것들은 어떠한 전환도 만들어 내지 못했다. 그때 갑자기 그에게 단어가 떠올랐다.

"경멸!"

그는 이 단어를 반복해서 음미하고는 마음에 들어했다.

"이 책은 세상에 존재하지 않는 느낌이에요. 단지 제 머릿속에 들어 있습니다."

조지는 대학 교수였다. 그는 다른 교수들보다도 열심히 학생들과 연구하기로 정평이 나 있었다. 그는 계속 말을 이었다.

"경멸이라는 단어의 느낌은, 글쎄요……. 내가 책상에 앉아서 하는 모든 행동들이 쓰레기라는 느낌과 같습니다. 그건 세상 밖으로 나가는 대신 나의 사적 공간인 머릿속에 있어요. 그게 바로 쓰레기가 되죠. 정신노동은 여러 현상들이 일어나는 세상 밖으로 나오지 않아요. 모두 내면에 존재하기 때문에 실제로 일어나지 않는 것과 같아요. 현실도 아니고 중요하지도 않습니다. 세상에서 내가 하는 일이 중요해요. 가르치고, 학생들을 만나고, 가족들을 돌보기 등이 현실입니다. 아, 나는 하다 말다 하면서 몇 년 동안 이 일을 하고 있습니다. 정신노동은 그에 비하면 사소한 일이에요."

나는 그가 한 말의 요점을 반복했다.

"그러니까 당신 머릿속에 들어 있는 것들은 경멸받을 만하다는 말이군요. 세상에 있는 것들이 현실이자 어떤 일을 처리한다는 거죠."

"네. 아니, 음……."

이것이 바로 포커싱 과정이다. 문제의 특성은 각각의 전환으로 바뀌고, 당신은 자신의 느낌에 접속해서 "그래, 맞아!"라고 말하는 것이다. 그다음 당신은 느낌 아래나 뒤 또는 옆에 있는 무언가를 느끼고 "글쎄, 아니야. 결국 그게 아니잖아"라고 말한다. 이 과정이 끝나면 당신이 처음 시작할 때의 생각과는 사뭇 달라진 문제가 된다. 문제에 대한 감각 느낌이 변했기 때문이다.

조지는 잠시 조용히 앉아 포커싱에 몰두하다가 말을 이었다.

"여기에 무언가 다른 것이 있어요. 말도 안 되고 역설적입니다. 세상에 존재하고 어떤 일을 처리하지만, 내게는 전혀 중요하지 않은 부분입니다. 일을 처리하고, 가르치고, 임금을 받는 것은 내게 중요하지 않아요. 나는 당면한 과제를 처리하고 다시 책을 쓰기 위해 그런 일들을 정리합니다. 말이 안 되죠, 그렇죠? 머릿속에 들어 있는 글쓰기는 경멸스럽지만, 여전히 내가 가장 하고 싶어 하고 주요한 일이기도 합니다."

"당신이 '내가 가장 하고 싶어 하는 일'이라고 말할 때, 불확실하지만 전체적으로 느껴지는 몸의 감각은 무엇인가요?

"글쓰기를 해야 한다는 느낌이 들어요. 그게 내 삶을 지배하고 있습니다. 비록 내가 그것에 경멸감을 가지고 있더라도, 만일 하지 않으면 끔찍한 일이 될 테니까요."

"좋아요. 다시 그곳으로 돌아가서 '맞아, 글을 쓰지 않는 건 끔찍한 일이야'라고 말하고, '끔찍한'이라는 말의 전체적인 느낌이 무엇인지 물어보세요."

조지는 종종 전체적인 감각 느낌을 허락하지 않고 과거의 느낌으로 돌아가곤 한다. 그 부분이 내가 주로 그에게 도움을 주는 지점이다. 그는 느낌 자체의 설명을 단호히 요구하는 저항이나 논쟁 없이 자신에게 다가오는 모든 느낌을 그대로 받아들이는 것이 중요하다는 사실을 알고 있다. 당신은 느낌 자체의 정당화를 요구하는 성난 부모처럼 느낌에 말대꾸해서는 안 된다. 당신은 "무슨 소리야? 이러이러해서 끔찍하다는 건 무슨 의미야? 말도 안 돼! 왜 끔찍하다는 거지?"라고 말해서는 안 된다. 대신 받아들인다는 식으로 그 느낌에 접근해야 한다.

조지는 자신의 느낌들을 받아들였지만, 그것으로 충분하지 않았다. 느낌에 접속하는 것은 때로는 아무런 변화도 가져오지 못하며, 다만 똑같은 느낌만 반복될 뿐이다. 포커서는 더 크고, 더 넓고, 모호한 감각 느낌이 형성되는 것을 허용해야 한다.

조지는 "끔찍할 거예요"라고 말했다. 우리는 '끔찍한'이라는 말에 어떠한 느낌이 들어 있는지 아직 알지 못했다. 그것을 알아내고 전환시키기 위해서는 '끔찍한'에 포함된 모든 것에 대해 어렴풋한 몸의 감각 전체가 그에게 형성되어야만 했다.

조지는 감각 느낌과 그 특성에 포커싱을 하고는 이렇게 말했다.

"만일 제가 책을 쓰지 않는다면 낙오자나 기생충 같은 존재가 되겠……. 아니, 정확하진 않아요. 아무튼 그래서 글을 쓰지 않으면 끔찍할 겁니다."

그는 정확한 단어가 떠오를 때까지 잠시 멈칫했다. 마침내 그의 입에서 단어가 튀어나왔다.

"플레이보이!"

"플레이보이라고요? 무슨 의미인지 물어봐도 될까요?"

"아……."

조지는 한참 동안 조용히 앉아 있다가 입을 열었다.

"네, 이것은 저를 아래로 이끄는 아주 나쁜 길이에요. 와! 마치…… 글쓰기라는 중대한 일을 하지 않는 것이 '부도덕'하게 느껴져요."

조지는 크게 한숨을 내쉬고는 말을 이었다.

"그건 성적으로 느껴져요. 글쓰기를 하지 않아도 된다는 것이 성적으로 느껴집니다. 하루 종일 자위행위를 하는 것 같은. 잠깐! 아니, 어른들의 성행위를 아이가 지켜보는 것에 더 가깝습니다. 맞아요, 바로 그 의미입니다. 마치 어른들이 제게 와서는 자신들의 행동을 지켜봐도 좋다고 하는 것 같아요."

"그래도 괜찮은가요?"

"물론이에요! 괜찮아요."

조지의 상황에 대한 감각 느낌은 그에게 글쓰기를 멈춰도 된다고 허락한 듯 보였다. 그러나 그 허가는 철회되었다.

"잠깐만요. 그게 괜찮은 일인지는 전혀 모르겠어요. 음, 좋은 점과 나쁜 점을 모두 느껴요."

"그걸 정리해 보세요. 나쁜 점에 대한 감각 느낌을 얻을 수 있는지 확인해 보세요."

잠시 후 그가 말했다.

"글쎄요, 제가 글쓰기를 멈추면 커다란 빈 공간과 마주하게 될 거라는 공허함이 있어요. 미스터리 소설 읽기를 빼면 제가 할 일은 아무것도 없을 거예요. 제가 글쓰기를 재촉하지 않는다면 하고 싶은 일을 할 수는 있지만, 해야 할 일을 찾을 수는 없을 거란 의미입니다."

조지는 '핸들' 단어를 가지고 있었다. 만약 실제로 글쓰기 작업에서 해방된다면 그는 '커다란 공백'을 가질 것이다. 텅 빈 공백은 무섭기 때문에 자신의 내면에서 공백을 발견한 사람들은 종종 하던 일로 다시 돌아가거나, 즐기지 않는 다른 '시간 때우기용' 활동을 찾는다. 프레드처럼 가슴에 응어리를 가진 사람들은 자신에게 고통을 주는 빈 공백을 피하기 위해 스스로를 몰아세울지도 모른다.

포커싱은 당신이 다른 사물들을 대하듯이 침착하게 공백에 접근하도록 해 준다. 공백 또한 하나의 느낌이다. 당신은 두려워하며 한 발 물러서기보다는 곧장 다가가서 그곳에 있는 것이 무엇인지 알아낼 수 있다. 나는 조지가 그렇게 하도록 격려해 주었다.

"그 공백에 대한 몸의 감각과 함께하세요. 어떤 특징을 가지고 있나요?"

조지는 고요하게 앉아 있다가 빈 공백의 주변을 느끼고는 말했다.

"제가 하고 싶어 하는 다른 무언가가 있는 것 같아요. 하지만 저는 그것을 볼 수 없었어요. 어린 시절 아버지가 책꽂이 맨 위에 놓인 몇 권의 책을 제가 읽지 못하도록 했던 것처럼 말이죠."

그는 다시 멈추었지만 나는 재촉하지 않았다. 그는 '하지 못하도록'이라는 말이 가진 감각에게 물어보고 있었다. 잠시 후 그는 숨을 크게 들이마시고는 커다란 소리와 함께 내쉬었다. 나는 그의 내면에서 무언가 전환이 생겼다는 것을 알 수 있었다. 그가 입을 열었다.

"맞아요. 당연합니다. 저는 지금 성인이에요, 그렇죠? 내가 보고 싶다면 무엇이든 볼 수 있어요. 그럼요, 저는……. 잠시만요, 무언가 제게 오고 있어요. 확실히 그래요. 책을 쓸 필요가 없다면 제가 할 일 중 하나는 조깅입니다. 예전부터 조깅이 하고 싶었지만, 그런 마음이 들 때마다 책상 앞에 앉아 있어야만 했어요. 맞아요, 그리고……."

그는 무언가 다른 생각이 떠오르는 동안 잠시 말을 멈추었다.

"저는 산아 제한에 관한 책을 쓰려고 하거든요. 오랫동안 바라 왔던 일입니다. 지금까지 누구도 다뤄 본 적 없는 산아 제한법이 핵심입니다. 정말로 중요한 포인트예요. 저는 그 책을 꼭 쓰고 싶어요. 현재 제가 매달려서 집필하고 있는 책은 정말로 흥미를 느끼는 주제가 아닙니다. 하지만 제가 원하는 내용만 쓴다면 당연히 끝낼 수 있어요. 제가 쓰려고 하는 산아 제한 책은 정말 굉장할 거예요!"

그는 오랫동안 침묵한 후 말을 이었다.

"와! 그렇군요. 지금 이 책을 끝내는 것도 괜찮군요. 네, 괜찮은 느낌이 들어요. 핵심은 책을 끝내는 것도, 책을 끝내야 한다는 것도 아니에요. 제가 가진 좋은 에너지 모두가 해야 하지만 할 수 없다는 느낌 아래에 꽁꽁 묶여 있습니다. 그게 바로 내 생각이에요. 하지만 그걸 전환시킬 수는 없어요. 제 모든 삶이 그 느낌 아래에 있었던 것처럼 보여요. 제 스스로 충동들을 억제하도록 내버려 두었어요. 마음대로 중단할 수 있다는 것은 마음대로 재촉할 수도 있고, 제가 원하는 일도 자유롭게 할 수 있다는 의미이죠. 그런 일이 바로 글을 쓰는 것입니다. 저의 직접적인 욕구와 에너지로 자유롭게 글을 쓴다는 의미이기도 하지요. 음, 지금까지 늘 알고 있었던 일이지만, 이제야 깨달은 것 같습니다.”

　　조지는 지금 자신의 몸이 이미 해결한 것을 설명할 목적으로 지적 합리화를 만들어 내기 위한 분석을 하고 있다. 사실 이러한 분석은 필요 없지만, 지식인들은 뭔가 알아내는 것을 좋아하며, 어쨌든 회고해 보는 것도 괜찮다. 중요한 것은 그의 몸이 먼저 고유한 단계들을 가졌다는 점이다. 그 단계들을 거치기 전에 행해진 그의 분석은 효과적이지 않았다.

몸이 알고 있는 것

이전 사례들은 이 책의 근간을 이루는 두 가지 주요 발견들을 설명하고 있다.

첫째, 삶에 많은 영향을 미치며 우리 스스로 개인의 목표를 달성할 수 있게 도와주는 몸의 자각이 존재한다. 그러나 기존 단어로는 설명할 수 없는 자각 유형에 지금까지 거의 관심을 기울이지 못했기 때문에 나는 '감각 느낌'이라는 용어를 만들어 내야만 했다.

둘째, 만일 올바른 방식으로 접근한다면 감각 느낌은 변할 것이다. 심지어 당신이 감각 느낌과 접촉하고 있다는 이유만으로도 변할 수 있다. 당신이 처한 상황에 대한 감각 느낌이 변하면 당신도 변하고, 결국 당신의 인생도 바뀐다.

위의 두 가지 진술에 대해 좀 더 자세히 살펴보자.

첫째, 나는 당신이 감각 느낌을 확실히 이해하도록 도움을 주고 싶다.

감각 느낌은 정신적 경험이 아니라 신체적인 경험이다. 상황이나 개인, 사건에 대한 몸의 자각이며, 특정 시간에 특정 주제와 관련하여 당신이 느끼고 알고 있는 모든 것을 아우르는 '내면적 기운'이다. 모든 것을 품고 있다가 하나하나가 아니라 갑자기 한꺼번에 모든 것을 당신에게 알려 준다. 하나의 취향이라고 생각하자면, 강력한 충격을 느끼게 만드는 거대한 음악적 화음이거나 모호함 느낌의 대규모 돌림 노래이다.

감각 느낌은 생각이나 단어 또는 다른 분리된 단위의 유형이 아니라 단일한 몸의 느낌으로(종종 매우 당혹스럽고 복잡한 형태로) 다가온다. 감각 느낌 자체가 단어로 소통하지 않기 때문에 말로 설명하기도 쉽지 않다. 심리 치료사들(대부분의 다른 모든 사람들과 함께)도 대개 발견하지 못하는 깊은 내면에 존재하는 낯선 자각이다.

당신의 인생에서 중요한 역할을 하는 두 사람이 있다고 가정해 보자. 편의상 존과 헬렌이라고 하며, 이들은 당신의 지인을 대신하는 역할을 한다.

당신의 마음이 두 사람 사이를 오가게 만들라. 당신의 관심이 존에게 쏠려 있을 때 나타나는 내면적 기운인 '존의 모든 것'이라는 느낌에 주목한다. 그와는 완전히 다른 헬렌의 기운에도 주목하라.

당신이 각각의 사람을 생각할 때의 내면적 기운은 의식적으로 당신의 마음속에 포함시키는 개별적 단위의 자료로 구성되어 있지 않다. 헬렌을 생각한다고 해서 그녀의 모든 신체적이고 개인적인 특성을 하나씩 공들여서 목록으로 만들지는 않는다. 가령 '오, 그렇지. 그녀는 키가 170센티미터 정도 되고, 금발에 갈색 눈을 가지고 있으며, 귀 옆에 작은 점도 하나 있어. 높은 톤으로 말하고, 쉽게 화를 내고, 극작가를 꿈꾸고, 중국 음식을 좋아하고, 체중을 줄일 필요가 있고······'처럼 말이다. 당신과 그녀의 관계와 관련된 세부 내용도 마찬가지이다.

당신이 알고 있는 헬렌을 설명해 주는 수백만 가지의 확실한 자료가 있더라도 당신의 생각처럼 하나씩 전달되지 않는다. 그것들은 몸의 느낌으로 당신에게 모두 한꺼번에 전달된 것이다. 아주 오랫동안 당신이 보고 느끼고 함께 살면서 축적된 수천 가지의 자료를 포함하고 있는 '헬렌의 모든 것'이라는 인식은 당신의 몸이 느낀 하나의 커다란 기운으로 모두 한꺼번에 다가온다.

'존의 모든 것'이라는 인식도 같은 방식으로 당신에게 전달된다. 존의 생김새, 말투, 당신이 그와 처음 만난 장소, 당신이 그에게서 원하는 것, 그가 어제 말한 내용, 그에 대한 대답으로 당신이 말한 것 등을 포함하는 아주 커다란 용량의 자료이다. 정보의 양은 믿기 어려울 정도지만, 당신이 존을 생각하는 순간 관련된 모든 사실과 느낌들은 모두 한꺼번에 다가온다.

수천 가지 항목의 정보들은 어디에 저장되어 있을까? 바로 당신의 마음이 아니라 몸이다. 몸은 생물학적 컴퓨터이며, 막대한 양의 자료들은 당신이나 어떠한 외부적 사건으로 인해 호출될 때 즉각 당신에게 모두 전달된다. 당신의 생각은 그 많은 지식의 항목들을 수용하거나 그와 같은 속도로 전달할 능력을 가지고 있지 않다. 헬렌과 그녀와의 관계에 있어서 당신이 아는 모든 정보의 목록을 만든다면 아마 인생에 남아 있는 시간이 모두 소요될지도 모른다. 그러나 몸은 '헬렌의 모든 것'을 하나의 크고 풍부하며 복잡한 경험으로 구성된 전체적인 감각 느낌으로 당신에게 전달해 준다.

핵심을 좀 더 확실히 이해해 보자. 헬렌과 대화할 때의 반응을 생각해 보고, 존과 대화할 때도 생각해 보라. 당신은 자신의 내면을 바꾸는가? 당신은 내면에서 나타나는 차이를 느낄 수 있다. 만일 사적으로 헬렌과 대화하고 있는데 뜻밖에 존이 방으로 걸어 들어온다면 당신은 차이가 생기는 것을 느낄 수 있다. 그때는 헬렌뿐만 아니라 존에 대한 당신의 감각 느낌도 함께 공존하게 된다.

내면의 변화들은 사고에 의한 것이 아니다. 당신은 '맞아, 이 사람은 헬렌이고 그녀와 있을 때 나는 이러이러한 방식으로 행동해야 해'라고 생각하지 않는다. 이것은 사고와는 거의 관련이 없다. '왜 나는 헬렌과는 이런 방식으로, 존과는 저런 방식으로 행동하지?'라고 자신에게 한번 물어보라. 해답은 당신 마음속에 없다. 오로지 당신의 몸이 알고 있을 뿐이다.

감각 느낌은 감정이 아니라는 사실에 주목하라. 감각 느낌은 사실적 요소와 더불어 감정적 요소까지 포함하고 있다. 이것은 하나의 감정보다는 크고 더 복잡하며, 말로 표현하기에는 훨씬 더 어렵다.

헬렌에 대한 당신의 감각 느낌에는 헬렌과 함께한 여러 상황에서 느꼈던 많은 감정들이 포함되어 있다. 아마도 그 감정 중 일부는 지금 이 시간에도 당신의 관계에서 우세함을 드러낼 것이다. 현재의 우세한 감정이 분노라고 하자. 당신과 헬렌은 지난밤에 격렬하게 다퉜고, 지금 당신이 그녀를 생각하면 맨 먼저 떠오르는 단어는 '분노'가 된다. 그 감정은 아직 감각 느낌이 아니다. 헬렌에 대한 모든 것이 아닌 것이다.

감정은 종종 예리하고 명확한 느낌이며 '분노', '두려움', '사랑' 등 당신이 잘 설명할 수 있는 쉬운 꼬리표를 가지고 나타난다. 더 크고 더 복잡한 감각 느낌은 항상 모호한 의미를 가지며(적어도 당신이 감각 느낌에 포커싱을 할 때까지), 대부분 간편한 꼬리표를 가지고 나타나지 않는다.

설명을 위해 당신이 존과의 관계에서 어려움을 느끼고 있다고 가정해 보자. 어려움을 설명하기 위해 당신은 "존과 있으면 불편하고 긴장이 됩니다. 헬렌과 함께 있으면 본래의 자신이 생기 넘치고 자유롭게 느껴져요"라고 말할 수도 있다.

이런 긴장감은 '존의 모든 것'이라는 감각 느낌의 어딘가에서 비롯된다. 포커싱을 모르는 사람들은 오로지 그 긴장감만 반복해서 인지하는 경향이 있다. 그들은 '존의 모든 것'이라는 자신들의 감각 느낌을 고려하지 않는다. 아마도 그보다는 적겠지만 '내가 존에 대해 가지고 있는 이상한 느낌의 모든 것'조차도 고려하지 않는다.

'긴장'은 느낌을 가장 잘 설명한 단어일지 몰라도 단지 빙산의 일각일 뿐이다. '긴장'이 특정 순간에는 우세한 감정일 수 있지만, 근저와 배후에는 크고 모호한 무언가가 놓여 있다.

당신은 크고 모호한 무언가를 몸으로 느낄 수 있지만, 마음으로는 접할 수 없다. 당신의 마음은 '나는 존과 있을 때마다 놀라서 말문이 막히는 상황이 정말 싫어. 나도 편안하게 긴장을 풀고 명랑하고 자연스럽게 지내고 싶어. 왜 나는 그렇게 될 수 없지? 도대체 왜?'라고 항의한다. 당신의 마음속에서는 아무런 대답이 없다. 당신의 마음이 해답을 알고 있거나 상황을 제어할 능력을 가지고 있다면, 아마도 당신은 이성적인 과정과 노력을 통해 어려움을 극복할 것이다.

당신은 문제 해결을 위한 자신만의 방법을 생각할 수도 있겠지만 이는 완전히 불가능하다. 마음이 아무리 항의하고 당신이 열심히 궁리한다 하더라도 존과 함께 있을 때마다 똑같은 긴장감을 내면에서 느낀다. 긴장감은 당신의 몸에 의해 발생하여 존의 존재감에 반응하는 것이다. 이 반응은 당신의 사고 의지를 거의 전적으로 우회한다. 하지만 당신이 감각 느낌을 형성하면 자신이 이해할 수 있는 것 이상의 효과를 얻을 것이다. 내가 제시하는 특정한 몇 단계를 통해 감각 느낌에 주의를 기울이면 곧 전환될 것이다. 바로 이 책에서 다루는 내용이다.

완전히 다른 경로, 즉 내가 포커싱이라 부른 '몸을 통한 특별한 경로'를 통해 감각 느낌에 접근할 필요가 있다. 그와 같은 방식으로 접근함으로써 우리는 감각 느낌을 형성하고 변화시킬 수 있다.

과거 우리가 감정적 지침과 심리 치료로 간주했던 많은 부분들은 소용이 없었다. 상담자들은 우리의 느낌을 이성적으로 분석하도록 하거나 '직시'해야 한다는 점만 반복해서 강조했다.

존과 당신의 관계에서 생기는 가상의 어려움을 한 번 더 살펴보고, 그 문제에 접근하는 가장 흔한 방법 중 몇 가지를 알아보자. (안타깝게도 모든 일반적인 접근법들은 소용이 없다.)

문제 축소하기

당신은 자신의 문제가 존재하지 않거나 걱정하기에는 너무나 사소하다고 스스로 납득하기 위해 노력한다. 당신은 자신에게 "그것은 문제가 되지 않아. 아무것도 아니야. 그런 어리석고 사소한 일로 내가 괴로워해야 한다니, 말도 안 돼"라고 말할 것이다.

과연 변화를 가져올 수 있을까? 아니다. 다음에 당신이 존을 만나면 '사소한' 문제가 평소와 마찬가지로 큰 문제로 나타난다.

분석하기

당신은 진지하게 결론을 내린다.

"존은 확실히 아버지를 떠올리게 해. 나는 항상 아버지에게서 위협을 느꼈고, 아버지는 늘 자기 확신에 차 있었지. 존도 마찬가지야. 분명해. 바로 그거야……."

분석은 정확할 수도 그렇지 않을 수도 있다. 그러나 어떤 것도 느낌을 바꾸지는 못한다. 당신은 존과 함께 있는 시간 전체를 미친 듯이 분석할 수도 있다. 하지만 그 느낌이 납득할 수 없는 불편함과 긴장과 더불어 당신의 내면에 존재한다면 지난번보다 관계가 완화되지는 않을 것이다.

느낌 제압하기

당신은 자신에게 희망적으로 말한다.

"이를 악물고 저항하며 지나가겠어. 그냥 무시할 거고, 나를 괴롭히도록 내버려 두지 않겠어."

그러나 아무런 도움이 되지 않는다. 그렇지 않은가? 무언가가 당신을 괴롭히면 어떤 근본적인 변화가 일어나기 전까지 지속적으로 괴롭힐 것이다.

자신에게 설교하기

당신은 자신에게 엄격하게 말한다.

"지금 여기를 봐. 온 힘을 모아 말도 안 되는 일들을 멈추게 해야해. 너는 성인이잖아, 그렇지? 그럼 어른답게 행동해! 존이 너를 불편하게 만들 아무런 이유가 없어……."

아니다. 역시 효과는 없다.

느낌에 휘말리기

당신은 감정에 빠져들어 이번에 다시 느끼면 바뀔 것이라는 희망을 가진다.

"그래, 존이 내 성생활 이야기를 꺼냈을 때는 곤혹스러웠어. 난 그저 마네킹처럼 그곳에 앉아 있었을 뿐이야. 난 정말 어리석었어. 와! 정말 끔찍하다! 마치 으깨진 벌레가 된 듯한 기분이야……."

변하지 않은 느낌에 빠져들 때마다 당신은 지난번만큼 기분이 나빠진다.

이러한 접근들은 불쾌감을 유발하는 곳을 건드리거나 변화시키지 않기 때문에 아무런 효과가 없다. 그곳은 몸 안에 존재하며 신체적인 것이다. 따라서 변화를 원한다면 당신은 신체적인 변화 과정도 도입해야만 한다. 그 과정이 바로 포커싱이다.

이 책의 Part 2는 당신에게 포커싱 방법을 가르치는 것에 전념한다. 여기서는 가르침을 시작하지 않는다. 단지 감각 느낌의 특성을 설명하는 것을 끝내고 싶을 뿐이다.

가장 흥미로운 특징은 당신이 포커싱을 잘 수행하면 감각 느낌이 변화의 힘을 가진다는 사실이다. 당신은 자신의 몸에서 일어나는 변화를 감지할 수 있다. 움직이거나 전환하는 무언가에 대한 명확한 신체적 감각이다. 변화는 무언가 느슨해지거나 풀리는 느낌으로, 예외 없이 유쾌한 감각이다.

나는 익숙한 인간 경험을 시작으로 그 느낌을 가장 잘 설명할 수 있다. 당신이 무언가를 잊어버린 것은 아는데 도대체 무엇인지 모르는 야릇한 느낌을 말한다. 같은 일이 당신에게 1번 이상 일어났다는 사실은 확실하다. 당신이 가족이나 친구를 만나기 위해 비행기에 막 오르려고 한다고 가정해 보자. 당신은 자신을 계속해서 괴롭히는 작지만 끈질긴 생각과 함께 비행기에 올랐다. 무언가를 잊은 듯한 기분이 들지만 비행기는 이미 이륙해 버렸다. 당신은 창문을 응시하고는 마음속을 뒤지며 파악하기 힘든 작은 단서의 조각을 찾는다. '내가 도대체 무엇을 잊어버렸지? 그게 뭐지?'

당신은 어떤 해결되지 않은 상황, 하지 않은 일, 남겨 두고 온 것들로 괴로워하고 있다. 당신에게는 실질적인 자료가 없다는 사실에 주목하라. 당신에게는 오로지 내면의 기운과 취향만이 있다. '몸은 알고 있지만 당신은 모른다.'

아마도 당신은 논쟁으로 해결하거나, 지적으로 윽박지르거나, 얕잡아 보며 초연해할지도 모른다. 당신은 자신에게 "아니야. 이게 나를 괴롭혀서 여행을 망치게 그냥 두지는 않겠어"라고 말한다.

역시나 효과가 없다. 느낌이 여전히 남아 있기 때문이다. 당신은 한숨을 쉬고는 다시 자신의 마음을 샅샅이 조사하기 시작한다. 당신은 가능성을 하나 발견한다.

"헬렌의 파티! 헬렌에게 파티에 못 간다고 말하지 않았어."

이 생각은 느낌을 만족시키지 못한다. 헬렌에게 파티에 빠진다고 말하는 것을 잊었다는 점은 완벽한 사실이다. 하지만 몸은 오전 내내 당신을 괴롭혔던 무언가가 아니라는 사실을 잘 알고 있다. 당신은 여전히 무엇을 잊고 있는지 알지 못하며 무언의 불편함을 느끼고 있다. 몸은 당신이 무언가를 잊어버렸다는 것, 그리고 그것이 무엇인지를 알고 있다. 바로 당신이 그것은 헬렌의 파티가 아니라고 말할 수 있는 방법이다.

어느 순간에는 감각 느낌이 너무나 모호하게 변해서 거의 사라질 지경에 이르지만, 다음 순간에는 너무나 강해져 당신도 알 만한 정도로 다가온다. 그러고는 갑자기 감각 느낌에서 표면으로 뿜어져 나온다. 스냅 사진이다! 찰리에게 보여 주려 한 사진을 잊은 것이다.

당신은 마침내 알아냈고, 그로써 갑작스러운 신체적 안도감을 느끼게 된다. 당신의 몸 어딘가에서 무언가가 해방되고, 꽉 조였던 것들도 풀어진다. 당신은 자신의 몸을 통해 모든 것을 느끼고는 "휴!" 하고 안도의 한숨을 쉰다.

기분도 한결 좋아진다. 아마 사진은 속상하겠지만 그 과정에 대해서는 좋은 느낌을 가질 것이다. 이는 감각 느낌의 전환에 있어 핵심적 특징 중 하나이다. 항상 편안함을 주고, 때로는 신체적 이완이라는 매우 멋진 느낌을 준다. 마치 숨을 참고 있다가 내쉬는 것과 같은 느낌이다. 당신은 몸에서 긴장이 배출되는 것을 느낄 수 있다.

감각 느낌과 신체적 전환을 설명할 만한 단어가 없다. 그래서 나는 내면이 느슨해지는 느낌에 '몸의 전환body shift'이라는 이름을 붙여야만 했다.

구체적으로 복부가 전환이 일어나는 곳이라고 모든 사람들이 느끼지는 않는다. 전환은 몸 전체에서 일어나거나, 가슴을 느슨하게 하는 느낌, 또는 꽉 조였던 목이 이완되는 현상으로 나타나기도 한다. 나는 마음에서 일어나지 않는다는 의미를 나타내기 위해 주로 '몸의 전환'이라고 부른다. 어떤 면에서는 항상 신체적 감각이며, 종종 다른 사람에게서 일어나도 보고 들을 수 있다. 아주 긴 안도의 숨소리를 내거나, 꽉 조였던 얼굴의 찡그린 표정이 갑자기 풀리거나, 자세에 신속하면서도 편안한 느긋함이 묻어난다.

감각 느낌에서 전환이 일어나는 모습과 비슷하다. 물론 여행 중에 무언가를 잊었다는 예시는 사소하다. 그러나 사소하다고 여기지 못할 문제들이 분명 당신의 인생에 존재한다. 인생의 일부를 망치는 내면의 막힌 곳들과 갇혀 있고 무력하다고 느끼는 방식도 존재한다. 잊고 있었던 사진처럼 이 모든 경우에서 몸은 당신이 모르거나 알아낼 수 없는 많은 것들을 알고 있다.

세상 누구도 개인적인 문제의 세세한 부분까지 지적으로 알아낼 수는 없다. 치료사도 마찬가지다. 타인을 위해서든 자신을 위해서든 당신은 그렇게 할 수 없다. 상세한 내용은 당신의 몸 안에 있다. 그것을 찾아내는 방법이 포커싱이다.

이미 우리가 살펴본 바와 같이 포커싱을 하면 신체적인 느낌 전환이 일어난다. 왜 그럴까? 야릇한 해방감은 도대체 어디에서 나올까? 바로 두 가지 근원에서 비롯된 것이다.

첫째, 한때 숨겨진 지식은 이제 당신의 의식적인 사고에 이용 가능하다. 당신은 문제를 해결하기 위한 합리적인 실행 계획으로 숨겨진 지식을 사용할 수 있다. 이것은 확실히 안도감으로 이끌어 준다.

"맞아, 물론이야! 거기가 문제가 있는 곳이야……. 내가 가야 할 방향이지!"

'속박하지 않는' 느낌이라는 두 번째 근원이 더욱 중요하다. 한때 숨겨진 지식을 즉각적이고 직접적으로 사용할 수 없더라도 몸의 전환은 당신의 몸 전체가 달라지게 만든다.

다시 사진의 사례를 생각해 보자. '나는 사진을 잊고 있었어'라는 한때 모호했던 사실은 합리적인 실행 계획에 즉각 이용이 가능한 유형이 아니었다. 그 사실은 비행기에 탑승한 후 떠올랐고, 당신이 할 수 있는 일은 아무것도 없었다. 그럼에도 여행에 대한 당신의 감각 느낌은 이제 바뀌었다. 당신이 바뀐 것이다.

보다 중요한 개인적인 문제들도 그와 같다. 당신은 자신의 내면에서 일어나는 변화를 느낄 수 있다.

**PART
2**

포커싱

포커싱 매뉴얼

이제는 본격적으로 포커싱을 익힐 때가 되었다.

포커싱의 내면 행동은 6개의 주요 하위 행동이나 활동으로 나뉜다. 당신이 연습을 많이 할수록 과정의 개별적인 부분을 6개로 나누어 생각할 필요가 없어진다. 개별적인 활동으로 생각하면 그 과정이 실제보다 기계적으로 보이게 된다. 그럼에도 나는 과정을 세분화하였다. 수년에 걸친 실험을 통해 포커싱을 처음 접하는 사람들에게 효과적으로 지도하는 방법이라는 사실을 깨달았기 때문이다.

이 장은 포커싱에 대한 유일한 기본 설명서라 생각한다. 책을 읽어 가면서 우리는 기본적인 지침을 추가하고 명료하게 정리하며, 다른 각도에서의 접근도 시도해 볼 것이다. 결국에는 당신의 첫 번째 경험은 아니더라도 내면에서 무언가가 전환되는 것을 경험할 것이다.

나는 매뉴얼 형식이라는 간단한 방식으로 포커싱을 설명하려고

한다. 다음 장에서 좀 더 상세하게 6가지 활동을 검토할 예정이라
상세한 설명은 마치도록 하겠다.

포커싱 메뉴얼

1. 공간 정리

당신 자신에게 침묵하기를 바란다. 잠시 동안 긴장을 푼다. 좋다.
이제 당신의 내면이다. 내부로 주의를 모은다. 당신의 몸 안, 아마
도 복부와 가슴 안으로 주의를 모은다. "내 인생이 어떻게 되어 가
고 있지? 지금 당장 내게 중요한 것은 뭐지?"라는 질문을 했을 때
지금 그곳에서 나타나는 반응을 살펴본다. 자신의 내면을 느낀다.
이 느낌에서 해답이 천천히 나오도록 한다.

걱정거리가 나타나더라도 절대 그 안으로 들어가서는 안 된다.
한발 물러서서 "좋아, 바로 거기군. 나는 그곳을 느낄 수 있어"라고
말한다. 걱정거리와 자신 사이에 약간의 거리를 둔다. 그다음 당신
이 느낀 다른 무언가를 물어본다. 다시 기다리고 느낀다. 일반적으
로 여러 가지가 거기에 있다.

2. 감각 느낌

당신에게 다가오는 것 중에 개인적 문제 하나를 선택하고 집중

한다. 그 안으로 들어가서는 안 된다. 이번에도 한발 물러서야 한다.

물론 당신이 생각하고 있는 한 가지에도 각자 하나씩 생각하기에는 너무나 많은 부분들이 있다. 하지만 당신은 모든 것을 한 번에 느낄 수 있다. 보통 당신이 느끼는 곳에 주의를 기울인다. 당신은 그곳에서 문제 전체가 느끼는 것과 비슷한 느낌을 얻을 수 있다. 문제 전체의 모호한 느낌을 스스로 느껴 보라.

3. 핸들

이 모호한 감각 느낌의 특성은 무엇인가? 감각 느낌에서 단어나 문구 또는 이미지가 나오게 하라. 아마도 감각 느낌의 특징을 나타내는 '꽉 조이는', '완고한', '두려운', '꼼짝 못 하는', '무거운', '조마조마한' 등과 같은 단어나 문구 또는 이미지가 될 것이다. 무언가 맞는 것이 나타날 때까지 감각 느낌의 특성을 느끼며 그 자리에 머무른다.

4. 공명하기

감각 느낌과 단어(문구나 이미지 포함) 사이를 오간다. 그것들이 서로에게 어떻게 공명하는지 확인한다. 당신에게 알맞은 단어가 있다는 사실을 알려 주는 작은 신체적인 신호가 있는지 살핀다. 그러기 위해 당신은 단어뿐 아니라 감각 느낌도 가지고 있어야 한다. 감각 느낌이 변하게 놓아두라. 만약 감각 느낌이 변하면 정확한 감각 느낌

의 특성을 획득했다고 느낄 때까지 단어나 이미지도 변하게 놓아
둔다.

5. 질문하기

이제 물어본다.

"문제 전체와 관련하여 이런 특성(당신이 이름 붙이거나 이미지화한)을 만
드는 것은 무엇인가?"

감각 느낌의 특성이 생생하고 선명하게 다시 감지되는지 확인한
다(앞서 생각해 낸 것과는 다른). 특성이 다시 나타나면 톡톡 두드리고, 만
지고, 함께하면서 물어본다.

"무엇이 문제 전체를 너무 ……하게 만드는가?"

"이 느낌 속에는 무엇이 들어 있는가?"

만일 감각 느낌의 전환 없이 빠른 대답을 얻는다면 그 대답은 그
냥 흘려보낸다. 몸에 주의를 되돌려 새롭게 감각 느낌을 찾아내고
다시 질문한다. 전환이나 약간의 '유연성', 해방감과 더불어 무언가
가 나타날 때까지 감각 느낌과 함께하라.

6. 받아들이기

전환과 함께 호의적으로 나타나는 것이 있으면 무엇이든 받아
들인다. 비록 약간의 해방감만 제공하더라도 잠시 동안 함께 기다
린다. 무엇이 나오든 단지 한 번의 전환이다. 다른 전환들도 일어날

것이다. 대개 당신은 잠시 후 계속 이어 가겠지만, 몇 분 동안은 지금 상황에 머무른다.

위를 설명하는 동안 어딘가에서 당신이 모호하고 전체적인 몸의 느낌을 감지하고 만져 보는 일에 약간이라도 시간을 사용했다면, 당신은 포커싱을 한 것이다. 몸의 전환이 일어났는지 여부와는 상관없다. 그것은 스스로 찾아오는 것이어서 우리가 통제하지 않는다.

'사소한 문제'에 대한 이야기

운용 중인 포커싱 활동을 살펴보자

이번 사례를 보고한 사람은 20대 후반의 여성이다. 이름은 페기이며, 존이라는 남편과 교외에 살고 있다. 존은 은행에서 일하는데, 최근 임원이 될 기회를 얻었다. 페기는 중학교 교사로 시간제로 일한다. 그녀에게는 5살배기 아들이 있어서 시간제 근무가 필요했다.

어느 날 저녁 존은 아주 들뜬 상태로 집으로 돌아왔다. 은행장이 은행을 확장하는 계획을 알려 주면서 존이 계획의 핵심 인물로 고려되고 있다고 매우 분명하게 전해 주었다. 그는 흥분하여 이 사실을 페기에게 말하다 접시를 치는 바람에 식탁 위에서 떨어져 깨지고 말았다. 그녀가 가장 아끼는 도자기였다. 그녀는 갑자기 분노하여 울면서 계단을 뛰어올라 갔고 저녁 식사 준비를 하지 않았다.

페기는 자신의 분노가 폭발했다는 사실이 놀랍고도 당혹스러웠다. 격렬한 폭발은 그녀의 평상시 모습이 아니었다. 그녀는 침실에 혼자 앉아 우리 모두가 사용하지만 거의 효과가 없는 친숙한 접근법을 모두 동원하여 내면을 수습하려고 노력했다. 처음에 그녀는 문제 자체가 축소되기만을 바라는 듯 그저 '사소한' 일로 여기고 털어 버리려고 했다.

"그는 비싼 접시를 깨뜨렸어."

그녀는 화를 내며 혼잣말을 했다.

"내가 너무 어리석어서 그런 일에 화를 내는 것일까? 그 망할 접시는 내 인생에서 그다지 중요한 것이 아니야. 어쨌든 교체할 수 있으니까……."

하지만 효과가 없었다. 화난 느낌은 스스로 소멸되기를 거부했으며 그녀는 원인을 알아내려고 노력했다.

"글쎄, 나는 지난 며칠간 심한 압박감에 시달렸어. 학교 업무도 산더미처럼 쌓여 있고, 학생들 과제를 채점하기 위해 밤늦게까지 잠도 못 자고 일을 해야 했어. 충분한 잠을 자지 못했지……. 분명 그게 문제로군. 내가 불안한 상태인 건 당연해."

그녀는 자신에게 말했다. 달라지는 건 아무것도 없었다. 그녀가 자신에게 한 말은 사실일지 모르지만, 내면에는 아무런 변화가 없었다. 화나고 짜증 나는 느낌은 원래 있던 곳에 그대로 남았다.

마침내 그녀는 포커싱을 시도해 보기로 했다. 그녀는 몇 년간이나 포커싱을 연습해 왔고 매우 잘하는 편이었다. 익숙한 언어를 유창하게 구사하는 것처럼 어떤 의미에서 그녀는 포커싱에 '유창'했다. 그녀는 초보자가 따라야 하는 6가지 포커싱 활동을 하나씩 실시하지 않고 물 흐르듯이 하나의 연속된 활동으로 진행했다. 그러나 그녀가 6가지 활동의 이곳저곳에 어떻게 이르렀는지 당신이 알수 있도록 여기서는 그녀의 체험을 재현하여 개별적인 활동들로보여 주려고 한다.

준비 단계

페기는 자신의 몸이 말하고자 하는 바를 가로막는 모든 불필요한 신체 자극을 제거하여 가능한 편안한 상태에서 시작했다. 울고난 뒤라 얼굴이 화끈거리고 가려워 그녀는 세수를 했다. 신발을 벗었고, 침대 머리판에 베개를 대고 뒤로 기대어 앉았다.

첫 번째 활동 : 공간 만들기

그녀는 아주 어수선한 창고를 정리해 자신이 들어갈 공간을 만들듯이 모든 문제를 한쪽으로 제쳐 두었다.

"그런데도 왜 이리 기분이 좋지 않지? 음, 아직 끝내지 못하고 모서리를 접어서 묶어 놓은 학교 과제물이 산더미처럼 쌓여 있어서 그럴 거야. 유치원에서 돌아온 제프 문제도 있고. 물론 접시가 깨지는 바람에 더욱 엉망이 되고 말았어."

그녀는 모든 문제를 자신에게서 약간씩 떼어 놓았다. 그녀는 자신의 문제를 완전히 떨쳐 버릴 수는 없다는 사실을 잘 알고 있었다. 또한 그녀는 숙련된 포커서로서 문제에서 떨어져 잠시나마 자신에게 조용한 시간을 줄 수 있다는 것도 알고 있었다.

두 번째 활동 : 감각 느낌

이제 그녀는 가장 최악의 순간으로 보이는 문제에 주의를 두었다. 깨진 접시와 관련하여 언쟁이 오갔던 장면이었다. 그녀는 일부러 그 문제에 관한 어떠한 결정이나 분석, 이해도 피하려고 노력했다. 오직 그에 대한 감각 느낌을 찾으려고 했다. 그녀는 질문했다.

"그건 모두 어떤 느낌이지?"

그녀는 모호한 느낌이 나름의 방식으로 자신에게 다가오게 두었다. 처음에는 크고 애매하고 형체도 없었다. 설명할 만한 단어가 부족했고, 어떤 종류의 꼬리표나 식별 마크도 없었다.

그녀는 이런 비정형성에 안달하지 않았다. 스스로 정체를 밝히라고 요구하지도 않았다. 또한 "그래, 당연하지. 이 이상한 느낌은 분명……" 식으로 정체성을 강제로 확인하려고 하지도 않았다. 그저 나름의 방식으로 존재하도록 그녀는 30초 정도의 시간 동안 내버려 두었다.

포커싱

세 번째 활동 : 핸들 찾기

지금 페기는 아주 다정하게 감각 느낌의 특성이 무엇인지 물어보았다. 그리고 감각 느낌이 스스로 이름을 대거나 이미지로 나타나서 들어맞도록 노력했다. 다시 그녀는 분석이나 자기 설교, 가정과 추론 등은 피했다. 마음속의 혼란스러운 난장판이 아니라 느낌 자체에서 해답이 떠오르기만을 원했다.

세 번째 활동에서 단어나 문구, 이미지가 정확해진다면 감각 느낌에 맞는 '핸들'을 제공한다. 그때 이것이 맞다고 말해 주는 내면 행동의 첫 번째 조각(때로는 단지 활동에 의한 통증만)인 '첫 전환'을 종종 느낄 수 있다.

이런 일을 자주 겪었던 그녀는 포커싱 활동들을 거의 동시에 경험했다. 단어를 받고(세 번째 활동), 그것을 확인하고(네 번째 활동), 그것이 무엇인지 감각 느낌에게 물어보았다(다섯 번째 활동).

그녀가 자신에게 했던 것보다 더 많은 단어를 사용하여 나는 이렇게 옮기겠다. 그녀는 물었다.

"이 중 가장 최악은 무엇이지?"

느낌이 되돌아왔다.

"존에게 화를 냈지."

추가로 질문했다.

"깨진 접시 때문에?"

무언의 대답이 돌아왔다.

"아니, 접시는 아무 관계가 없어. 분노는 승리감에 들뜬 그의 태도 때문이야. 미래에 대한 자신감을 내뿜는 그의 방식 말이야."

이렇게 문제가 바뀌었고, 내면의 전환은 확실했다. 그녀는 완전히 받아들이고 여러 번 반복해서 느꼈다. 자신의 몸에서 일어나는 변화도 느꼈다. 몸의 변화가 끝났을 때에도 그녀는 계속 진행했다.

이러한 전환은 포커싱을 하는 동안 언제든 찾아올 수 있다. 당신은 전환을 받아들이고 계속해서 포커싱의 다음 단계로 진행하면 된다.

그녀는 또다시 감각 느낌을 얻었다. 이 순간 문제 전체가 그녀의 몸 안에서 변화된 방식에 관한 것이었다.

"그의 승리감……. 그에 대한 전체적인 느낌은 무엇이지?"

그녀는 기다렸다. 감각 느낌에게 단어를 강요하려 하지 않았다. 참을성 있게 앉아서 감각 느낌이 스스로 말하도록 놓아두었다(다시 두 번째 활동).

그녀는 감각 느낌의 특성을 느끼려고 노력했다. 그 상황 전체의 애매한 불편함이었다. 그리고 감각 느낌의 특성에 맞는 '핸들'을 얻고자 했다(다시 세 번째 활동).

단어가 찾아왔다. '질투하는'이었다.

네 번째 활동 : 공명하기

그녀는 '질투하는'이라는 단어를 받고는 감각 느낌과 대조해 확인해 보았다.

"'질투하는'이 정확한 단어인가? 이 느낌이 정말 그걸 나타낼까?"

감각 느낌과 단어는 겉으로 보기에는 거의 일치해 보이지만 완벽하지는 않았다. 마치 감각 느낌이 "정확하게는 질투가 아니야. 어딘가에 질투하는 마음이 존재하고 있어. 하지만……"이라고 말하는 것 같았다.

그녀가 '어느 정도 질투하는'이라는 단어를 시도하자, 감각 느낌에 맞는 핸들로 충분하다는 것을 알려 주는 작은 움직임과 한숨이 나왔다. 그녀는 한 번 더 시도했다. 역시 맞았다.

다섯 번째 활동 : 질문하기

이제 그녀는 감각 느낌 자체에게 물었다.

"'어느 정도 질투하는'이란 무엇인가? 문제 전체에 관한 무엇이 '어느 정도 질투하는'을 만드는가?"

그녀는 질문이 모호한 감각 느낌에 닿아 자극하도록 했다. 그녀가 마음속으로 물었다.

"그게 뭐지?"

그때 갑자기 전환이 찾아왔다.

"어느 정도 질투하는……. 음, 뭔가 뒤떨어졌다는 느낌에 좀 더 가까워."

크고 만족스러운 느낌의 움직임과 함께 탄성이 터져 나왔다.

"아!"

페기의 몸은 자신의 경력이 지지부진했다는 사실 때문에 그녀가 비참해한다고 말하고 있었다.

여섯 번째 활동 : 받아들이기

이 전환의 안도감에 머무르려 하는 동안 그녀는 곧 자신을 공격하는 목소리를 방어해야 했다.

"너는 그런 식으로 느껴서는 안 돼."

"가르치는 직업을 가진 것도 행운이야."

"도대체 어떻게 경력을 쌓을 수 있겠어?"

"네가 할 수 있는 일은 아무것도 없다는 것을 알잖아."

페기는 모든 목소리를 한쪽으로 밀어 제치고는 말했다.

"모두 다 기다려 봐."

그녀는 새로운 시작을 느끼기 위해 되돌아갔다.

"뒤떨어졌다……. 여전히 그걸 느낄 수 있을까? 그래, 원래대로 거기 있군. 맞아……. 그게 바로 내 느낌이야."

다른 단계로의 진입

'뒤떨어진 느낌'이라는 이 특성은 단지 빙산의 일각에 불과했다. 페기는 그것이 좀 더 많은 변화와 움직임으로 이끌지 확인하고 싶었다. 그녀는 포커싱 활동들의 순환으로 다시 돌아갔다.

"이 뒤떨어진 느낌은 뭐지? 나에게 실제로 어떤 이익이 있지? 가장 최악은 뭘까?"

이번 포커싱은 대략 20분 정도 지속되었다. 끝났을 때 페기는 대단히 상쾌한 기분이 들었다. 문제의 상태에 변화가 생기면서 그녀도 바뀌었다. 그녀와 존은 차분하게 자신들의 삶과 미래에 관한 대화를 나누었다.

깨진 접시는 잊었다. 한 차례의 포커싱을 통해 페기의 '경력 대 모성'에 대한 문제가 완전히 없어지진 않았다. 하지만 그녀의 내면에서 일련의 유익한 변화들이 시작되었다. 추가적인 포커싱은 그녀에게 자신에 관한 보다 많은 것을 말해 주었고, 그녀가 갇혀 있던 곳에서 빠져나가도록 도와주었다.

6가지 포커싱 활동과 그 의미

지금부터 우리는 포커싱 활동들을 좀 더 천천히 살펴보려고 한다. 이번 글을 읽은 후 개인 문제에 포커싱을 하고 당신에게 유익한지 확인해 보라. 계속해서 '포커싱 메뉴얼'을 펼쳐 놓고 느긋하게 6가지 활동을 실행해 보라. 각 단계에서 당신의 몸이 어떻게 느끼는지 특별한 주의를 기울여 살펴보라. 만일 변화도 전환도 없다고 느껴지면 책의 다른 장으로 이동해서 살펴본 후 다시 돌아와 반복해서 시도하라. 결국 당신은 포커싱이라는 내면 행동을 하고 있는 자신을 발견할 것이다. 자주 수행할수록 더 쉽고 자연스럽게 보일 것이다. (나중에 부록으로 실린 '간이 매뉴얼'도 사용해 보라.)

준비

잠시 동안 고요하게 앉아 있을 장소와 시간을 정한다. 옆에서 지켜볼 친구가 있어도 도움이 될 것이다. 그러나 친구는 반드시 조용히 듣는 것에만 만족해야 한다. 당신이 원하지 않으면 당신에게 말할 것을 강요해서는 안 된다. 당신이 내면의 소리를 말해도 분석하거나 평가해서는 안 된다. 완전히 고요한 상태도 괜찮지만, 친구가 "그래, 듣고 있어. 이해가 되네"라는 표현을 사용해도 상관없다. 다만 초기 단계에서는 친구가 그 외 다른 말을 해서는 안 된다.

약간은 익숙하지 않은 장소에 앉아서 시도하는 편이 좋다. 책상에 앉아 일하면서 시도하거나, 제일 좋아하는 안락의자에 앉아서 하는 것은 좋지 않다. 다른 의자나 침대 가장자리에 앉도록 한다. 당신이 원한다면 밖에 나가서 걷거나, 나무에 기댄 상태로 진행해도 상관없다.

전체적인 안정감을 느낄 수 없다면 일상적인 신체적 편안함을 유지하라(운이 좋으면 행복감은 나중에 느낄 수 있다). 만일 사소한 신체적 짜증스러움이 자신을 괴롭힌다면 당신의 몸이 말하려는 내용이 모호해질 수 있다. 추우면 스웨터를 입는다. 발이 가려우면 신발을 벗고 긁어라. 편하게 기대어 마음을 편하게 하라.

첫 번째 활동 : 공간 만들기

지금 자신에게 물어보라.

"내 기분은 어떠한가? 왜 나는 지금 기분이 좋지 않은가? 오늘같이 특별한 날에 무엇이 나를 괴롭히는가?"

고요한 마음으로 들어 보라. 무엇이 자신에게 다가오든 그저 내버려 두라. 어떤 날이든 상관없이 적어도 반 다스 정도의 문제가 당신의 내면에 긴장을 불러오고 있다는 사실을 발견할 것이다. 그중 몇 가지는 당신이 예전부터 해결하려고 애써 왔던, 인생에서 주요한 문제일 것이다. 모든 사람들이 1년 이상 고민하는 문제 목록을 가지고 있으며, 어떤 날에는 그중 한두 가지가 가장 먼저 떠오르는 경향이 있다. 당신이 생각하는 모든 문제를 목록으로 만들려고 해서는 안 된다. 단지 긴장만 더 가져올 뿐이다.

중요한 개인 문제들과 마찬가지로, 특정한 순간에는 비교적 사소한 일들이 당신의 평온을 깨뜨린다는 사실도 알게 될 것이다. 지금 당장 당신이 절대적인 만족감을 느끼지 못하게 방해하는 모든 문제들이 그저 왔다가 사라지게 내버려 두라. 어떠한 문제에도 방해받아서는 안 된다. 크거나 작거나, 중요하거나 사소한 문제들을 모두 모아 마음속으로 목록을 만들라. 당신 앞에 목록을 쌓아 두고 뒤로 한발 물러서서 거리를 두고 관찰하라.

기쁜 마음으로 가능한 멀리 문제에서 벗어나라. 당신은 이렇게 말할 수 있다.

"글쎄, 모든 문제를 제외해도 난 괜찮아."

단지 끔찍한 목록일 뿐, 그 이상도 이하도 아니다.

"조지와 조안에 관해 처리해야 할 일이 있어. 외로움에 관한 것도……. 맞아, 나도 잘 알고 있어. 그건 아주 오래된 문제야. 어제 크리스에게 말했던 사소하지만 좀 별난 문제도 있지."

당신의 내면에서 행복감이 약간 상승했음을 느끼는가? 당신의 내면에서 무언가가 다음처럼 말할 때까지 문제들을 계속 쌓아 두라.

"그래, 그것들이 모두 없어져도 난 괜찮아."

두 번째 활동 : 문제에 대한 감각 느낌

지금 어떤 문제가 가장 나쁘게 느껴지는지 물어보라. 어떤 문제가 가장 아프게 느껴지고, 가장 힘겹고, 가장 크고, 가장 날카롭고, 가장 골치 아프거나 끈적거리거나 불쾌한 것이 무엇인지 물어보라. 즉, 어떤 방식으로든 당신과 당신의 몸이 '나쁘다'고 규정하여 기분 나쁘게 느껴지는 것이 무엇인지도 물어보라. 아니면 단지 하나의 문제만 선별하라.

지금은 평소처럼 문제의 내면으로 들어가서는 안 된다. 한발 물러서서 잠시 동안 전체적으로 생각할 때 몸에 어떤 느낌이 생기는지 직접 느껴 보라. 그리고 "이 문제 전체는 어떤 느낌인가?"라고 물어보라. 대답은 단어로 해서는 안 된다. 문제를 전체적으로 느끼고, 그 모든 것을 감지하라.

두 번째 활동에서 당신은 마음에서 나오는 자기 설교, 분석적 이론, 상투적인 문구, 많은 불평과 재잘대는 소리 등 많은 정적인 것들과 마주칠 것이다. 어쨌든 당신은 모든 잡음들을 지나 그 아래의 감각 느낌이 있는 곳까지 도달해야 한다.

스스로 입을 닫고 조용히 귀를 기울여 듣고 느끼는 것은 변화를 위해 중요하다. 당신은 인내심을 가짐으로써 좋은 결과를 얻을 수 있다. 당신이 포커싱을 하는 문제가 예전에 좋았지만 지금은 틀어진 상태에 있는 인간관계라고 가정해 보자. 당신이 문제에 관한 전체적인 내면의 기운을 느끼려고 하면 다음과 같은 자기 설교가 시작될 것이다.

"여기에서 다시 시작하면 결국 또 다른 관계를 망치고 말 거야. 내게 무슨 문제가 있지? 아무리 좋더라도 나는 항상 관계가 틀어지게 만드는 멍청한 짓을 한단 말이야."

이런 종류의 잡음이 들리기 시작하면 관대하고 다정하게 중단시켜라. 그리고 자신에게 말한다.

"그래, 나도 모두 알고 있어. 하지만 네가 좋다면 다음에 들어 볼게. 지금은 그 문제를 잠시 접어 두자."

스스로 문제를 분석하거나 그와 관련된 충동을 결정하려고 하더라도 단호하고 예의 바르게 행동해야 한다.

"글쎄, 무언가 잘못되었다는 사실은 명백해."

당신은 자신이 하는 말을 들을 것이다.

"나는 기본적으로 다른 사람들을 두려워해. 그걸 숨기려면 대담한 척해야 해. 지난밤처럼 나는……."

신경 쓰지 말고 자신에게 말하라.

"물론 그건 네 말이 맞을지도 몰라. 그러나 지금 당장 우리는 아무것도 알아내려 하진 않잖아. 우리가 얻으려는 것은 이 모든 것이 어떻게 느껴지는가라고."

당신은 '……와 나의 관계의 모든 것'이나 '직장을 그만두는 문제의 모든 것'을 포괄하는 하나의 느낌에 관심을 기울이려 하고 있다. 그 느낌은 마치 음표가 많이 들어간 악보처럼 상세한 내용을 많이 담고 있다. 예를 들어, 하나의 교향곡은 수많은 조합과 진행 과정 속에서 한 시간 이상 지속되고 매우 다양한 악기들로 연주되기 때문에 수천 가지의 다양한 음조를 가진다. 하지만 음악을 듣고 즐기기 위해서라면 상세한 구조까지 모두 알 필요는 없다. 만일 잘 알고 있는 교향곡이라면 당신에게는 오로지 언급되는 곡의 이름과 즉석에서 그 곡의 기운을 느끼는 것이 필요하다. 교향곡에 대한 느낌은 상세한 내용 없이 통째로 당신에게 전달된다.

같은 방식으로 당신은 지금 문제에 대한 감각 느낌과 접속하려고 한다. 모든 것을 감싸는 하나의 거대한 기운이 느껴질 때까지,

투덜거리고 재잘거리는 소리와 산만하고 곁길로 샐 수 있는 모든 세부 사항을 무시하고, 내면 깊은 곳을 감지하라.

물론 쉽지 않다. 처음부터 쉽게 되지는 않는다. 무엇에 집중해야 하고, 무엇을 무시해야 하는지를 구별하는 일과 어느 정도 관련되어 있다. 타인이 아니라 자신의 내면에서 일어나는 특정한 일들을 잘 받아들이도록 마음가짐을 갖추는 법을 아는 일이기도 하다.

문제에 맞는 감각 느낌을 찾기 위해 당신은 몸의 감각에 대한 느낌을 떠올릴 때 하는 일들을 기본적으로 당신의 마음이 하도록 시킨다. 당신은 확실한 세부 내용들을 알아차릴 테지만, 그것들에게 방해받진 않는다. 당신의 주의는 주로 모든 것에 대한 하나의 느낌에 머문다.

일단 문제 전체에 대한 느낌을 가지면 잠시 그것과 함께 머물라. 무엇이 중요한지 판단을 내리지 말라. 아무것도 결정해서는 안 된다. 있는 그대로 내버려 두고 단지 느끼기만 하라.

감각 느낌은 전체적이며, 모든 것에 대한 모호한 감각이다. 흐릿하고 분명하지 않으며 어렴풋해서 대부분의 사람들은 그냥 지나쳐 버린다. 당신이 처음 감각 느낌과 함께 있게 되면 아마 이렇게 생각할지도 모른다. '오, 그거? 너는 내가 그것과 함께 있길 원하니? 하지만 그저 불편하고 하찮은 것일 뿐이야?' 그렇다. 단지 당신의 몸이 이 문제를 느끼는 방식이며, 처음에는 매우 희미한 상태이다.

포커싱

세 번째 활동 : 핸들 찾기

감각 느낌의 특성은 무엇인가? '불쾌한', '힘든', '조마조마한', '무력한', '답답한', '부담되는' 등과 같은 감각 느낌의 특성을 나타내는 단어를 찾아라. '박스에 들어가 있는 듯한', '실행해야만 하는' 등과 같은 짧은 구절도 괜찮다. 아니면 '두려운 마음으로 답답한', '마음이 조마조마하여 안절부절못하는' 같은 단어들의 조합이 가장 알맞을 수도 있다. 또는 '무거운 납으로 된 공'처럼 상황을 가장 잘 표현해 주는 이미지가 불쑥 나타날 수도 있다.

당신이 찾고 있는 것이 감각 느낌의 핵심이기 때문에 분석을 요청해서는 안 된다. 당신이 원하는 것은 감각 느낌에서 나오는 특별한 특성, 즉 모든 문제에 대한 핵심이다.

이 특성은 무력감 같은 부적절한 행위에 대한 느낌일 수 있다. 숨이 막힐 듯 답답하고, 두렵고, 긴장되고, 불안한 느낌이거나 아예 단어로는 표현이 불가능할 수도 있다.

다시 말하지만, 감각 느낌에 강제로 단어를 부여하려고 해서는 안 된다. 자신의 본질을 가지고 당신에게 다가오도록 해야 한다. 아니면 단어 하나를 골라 조심스럽게 적용해 보는 것도 나쁘지 않다.

세 번째 활동에서 당신은 자신의 문제가 변하고 있다는 사실을 인지할 것이다. 당신이 포커싱을 시작하기 전에 생각했던 것과는 다르게 느껴질 수도 있다. 심지어 이성적인 수단을 동원하여 알아낸 것과도 다를 수 있다. 그 차이는 작고 미묘하지만, 처음에는 당혹감을 느낄지도 모른다.

바로 당신이 찾고 있는 것이며, 몸의 전환을 수반하여 나타나는 무언가이다. 그 외에 다른 것들은 모두 버려라. 단어나 이미지가 정확하면 우리는 그것을 '핸들'이라고 부른다. 당신이 그 단어를 말할 때(또는 이미지를 상상할 때) 감각 느낌 전체는 약간씩 움직이고, 당신은 조금은 편안해진 느낌도 받게 된다. 마치 그동안 잊고 있었던 무언가를 기억해 내듯이 "그건 괜찮아"라고 말하는 신호이다. 잊고 있었던 느낌은 당신이 기억해 내도록 안내하는 역할을 한다. 완벽하게 감지할 수 있는 생각의 개수는 느낌의 일부가 아니다. 당신은 느낌 자체가 향하는 '무언가'를 얻을 때까지 단지 잊고 있었을 뿐이다.

오래된 아이들의 놀이인 숨바꼭질과 같다. 당신이 잘못된 방향으로 움직이면 찾으려는 대상이 숨어 있는 장소를 아는 누군가가 "차가워, 더 차가워, 얼음처럼 차가워"라고 말하고, 당신이 올바른 길로 들어서면 "따뜻해, 더 따뜻해, 아직도 따뜻해"라고 말해 준다.

이때 "차가워, 차가워, 차가워"(조금도 바뀌지 않은 경우)라고 말하거나, "아……, 더 따뜻해……, 뜨거워! 뜨거워!"(당신의 몸이 해방되거나 약간의 전환이 일어났다고 느끼는 경우)라고 말하는 사람은 타인이 아니라 바로 당신 자신의 감각 느낌이다.

단어나 이미지가 느낌에서 나오게 하라. 그것 스스로 '두려운'이나 '내면의 걸리는 곳', '여기가 힘겨운 느낌'이라는 꼬리표를 달게 하라.

일반적으로 정확한 핸들을 찾는 행위는 단지 당신이 그 핸들이 맞는지 구별만 할 수 있을 정도로 작은 몸의 전환을 가져다준다. 당신이 그것을 놓치지 않으려면 이런 작은 전환을 느껴야만 한다. 단어나 문구, 혹은 이미지가 "정확해. 딱 맞아"라고 말하며 작은 안도감을 주는지 느끼기 위해 당신은 자신의 몸에 주의를 기울여야 한다.

네 번째 활동 : 공명하는 핸들과 감각 느낌

세 번째 활동에서 당신이 얻은 단어나 이미지가 감각 느낌과 비교해 어떤지 확인해 보라. 확실히 감각 느낌에 완전히 들어맞도록 하라. "이게 맞아"라고 물어보라(하지만 대답해서는 안 된다).

감응의 느낌, 내면의 깊은 심호흡, 다시 느껴지는 해방감 등이 있어야 한다. 당신에게 단어들이 올바른지 알려 주는 신호이다.

가끔은 느낌이 맞다는 확신을 주는 감각이 다가오지 않을 수도 있다. 그때는 좀 더 정확하게 느끼려고 노력하라. 다시 기다리며 느낌에서 보다 정확한 단어가 나오게 하라.

공명을 실행하기 위해서는 반드시 감각 느낌을 다시 경험해야 한다. 하나의 느낌으로서 감각 느낌을 만져야 한다. 사람들은 보통 첫 단어를 얻을 때까지 감각 느낌을 놓지 않고 잘 붙든다. 그러다 보면 어째선지 느낌은 사라지고 오직 단어만 남는다. 만약 그런 상황이 되면 당신은 느낌과 직접 비교해 가며 명확하게 단어들을 확인할 수 없게 된다. 따라서 당신은 이전에 느꼈던 바로 그 감각 느낌이 반드시 다시 돌아오게 해야 하지만, 그때의 감각 느낌은 약간은 변화된 상태일 수도 있다. 단어들이 무엇에 관련된 것인지 직접 느끼려고 애쓰는 상황이더라도, 자신에게 단어들을 차분하게 반복해서 말해 보라. 일반적으로 10~20초 정도가 지나면 본래의 느낌이 다시 돌아온다.

당신이 이와 같은 일치 과정을 행하는 동안 자연스럽게 부합하는 느낌도 변한다면 그것도 괜찮다. 느낌과 단어의 양 측면 모두 서로 제대로 맞춰질 때까지 그것들이 어떻게 하든 내버려 두라. 단어들이 느낌을 올바로 나타내도록 완벽하게 맞춰지면 잠시 동안 느껴 보라. 당신이 "맞아……. 오, 그렇지……. 바로 그거야……" 같은 말을 하고 싶은 충동을 느끼도록 허용하라.

이 시간을 사용하는 것은 중요하다. 정확한 느낌이 오로지 핸들 확인을 의미하지는 않는다. 지금 당장 당신의 몸도 변하고 있다는 의미이기도 하다. 당신의 몸이 계속해서 변하고, 해방되고, 처리하고, 움직이는 한 계속 내버려 두라. 현시점에서 몸이 원하는 모든 해방감과 변화를 얻기 위해 필요한 1~2분의 시간적인 여유를 가져라. 서두르지 말라. 당신은 방금 여기에 도착했을 뿐이다.

다섯 번째 활동 : 질문하기

만일 이전 동작에서 이미 커다란 전환과 개방, 몸의 해방이 이루어졌다면 당신은 곧바로 '여섯 번째 활동'으로 넘어가 전환과 동반되는 내용을 수용해도 된다.

예를 들어, 스스로 감각 느낌과 함께 고요히 앉아서 그 핵심과 특성을 느끼고 있다면 당신은 문제의 전환을 이미 경험한 것이다. 아니면 핸들 단어와 이미지를 따라 나타나거나, 당신이 감각 느낌을 활용하여 핸들을 공명하는 동안 나타날 것이다.

그러나 보다 일반적으로는 딱 맞는 핸들이 당신에게 아주 작은 전환을 가져다주지만, 상당히 정확하다는 사실을 알기에는 충분하다. 당신은 이 '정확함'이 만드는 신체적 효과가 나타나기까지 여러 차례 경험(공명)하게 된다. 지금 당신에게는 전환이 필요하다. 적어도 문제를 변화시킬 정도의 전환은 아직 한 번도 나타나지 않았다.

지금이 바로 다섯 번째 활동인 질문하기를 실행해야 할 때이다. 이번 활동에서 당신은 감각 느낌에게 핸들에 대해 직접 물어볼 수 있다. 질문하기 활동은 일반적으로 모호한 감각 느낌과 함께 어느 정도 시간을 함께 보내거나(불과 1분 정도지만 매우 길게 여겨진다), 또는 반복해서 감각 느낌으로 돌아가는 것을 의미한다. 핸들이 이를 도와준다.

당신은 핸들을 이용하여 반복적으로 감각 느낌이 분명하게 나타나게 할 수 있다. 당신이 방금 느꼈던 것이 어떤 느낌이었는지 기억하는 것만으로는 충분하지 않다. 그래서 필요한 것이 핸들이며, 없으면 당신은 질문할 수가 없다. 만일 감각 느낌을 놓치면 핸들을 가진 상태로 "여전히 여기 있나?" 물어보라. 몇 초가 지나면 감각 느낌은 다시 나타날 것이다(예전의 모습 그대로거나 약간 늘어진 상태로).

이제 당신은 그것이 무엇인지 물어볼 수 있다. 예를 들어, 당신의 핸들이 '조마조마한'이라는 단어라면 분명하게 감각 느낌이 느껴질 때까지 자신에게 계속해서 말해 본다. 감각 느낌이 다시 나타나면 "나를 조마조마하게 만드는 문제 전체와 관련된 것이 뭐지?"라고 물어보라.

당신이 머릿속에서 많은 대답들을 빠르게 듣는다면 모두 흘려보내고 또 물어보라. 빠르게 다가오는 대답은 당신의 마음에서 나온 오래된 정보들이다. 처음에는 감각 느낌에게 한 질문에 관심을 보이지 않을 수도 있지만, 두 번째나 세 번째 질문에서는 달라질 것이다. 대답으로 감각 느낌 자체가 흔들릴 것이고, 그 흔들림에서 대답이 나타날 것이다.

당신은 마음에서 발생한 대답과 감각 느낌에서 나온 대답의 차이를 구별할 수 있을 것이다. 마음에서 발생한 대답은 생각의 열차처럼 매우 빠르게 다가온다. 빠르게 돌진해 들어와서 당신이 감각 느낌과 직접적으로 교감할 여지를 남겨 놓지 않는다. 당신은 그 모든 것들을 흘려보내고 핸들을 사용하여 감각 느낌과 다시 접속해

포커싱

103

야 한다. 감각 느낌이 다시 나타나면 질문을 시작하라.

포커싱에 있어 한 가지 가장 중요한 과정이 바로 '개방적인 질문'이다. 다만 당신은 질문은 하되, 의식적인 사고 과정을 통해 스스로 답하는 행동은 삼가야 한다. 일반적으로 사람들은 질문에 대한 답을 알고 있다고 생각하거나, 어떤 것이 답이 되어야 하는지 결정하려고 한다. 그들은 폐쇄적인 질문, 즉 스스로 즉시 대답할 수 있는 수사적 질문을 하는 경우가 있다. 자신의 감각 느낌에게 그렇게 해서는 안 된다. 감각 느낌에게 물어보는 행위는 타인에게 질문하는 것과 매우 유사하다. 단지 질문한 뒤 대답이 나올 때까지 기다리기만 하면 된다.

단어나 이미지가 느낌으로 나타나게 강제하는 것과 단순히 흘려보내는 것 사이에는 뚜렷한 차이가 있다. 강제하면 당신은 대답을 효과적으로 억누르게 되고, 자신의 진정한 특성을 드러내는 것을 막는다. 당신은 아마도 이렇게 말할 것이다.

"오, 나는 이미 네가 무엇인지 알아. 너에게 시간을 허비해 봤자 의미가 없어."

이와 반대로 느낌의 바깥으로 흘러나오는 단어나 이미지들은 새롭게 느껴진 차이를 만들어 내는 유형이다. 그것들은 당신이 이렇게 말하게 한다.

"이봐! 그래, 결국 그렇게 된 것이로군!"

이것이 바로 몸의 전환을 야기하는 단어나 이미지들이다. 몸의 전환은 실제로 아주 신비롭다. 심지어 공정하고 이성적인 관점에서 보면, 겉으로 드러나는 부분이 개선되었다고 보이지 않을 때조차 항상 좋게 느껴진다.

감각 느낌이 전환하지도 않고 당장 해답을 알려 주지 못한다 할지라도 괜찮다. 1분 정도 감각 느낌과 함께 있어 보라. 전환이 찾아올 때 우리는 통제하지 않는다(장점이다). 중요한 점은 그것을 감지하기 위해 당신이 보내는 시간이다(반복적으로 되돌아가는 것을 포함한다). 만일 당신의 문제와 관련하여 분명 거기에 있고 올바르며 의미 있으나 모호한 무언가를 느끼려고 시간을 보냈는데 아직 제대로 알지 못한다면, 당신은 포커싱을 하고 있는 것이다.

때로는 다음 두 가지 중 하나를 질문해 보는 것도 도움이 된다. 두 가지 중 하나를 먼저 물어보고 나머지는 나중에 해 본다. 질문하면서 감각 느낌에 제대로 연결되어 있는지 정확하게 확인해야 한다. 일반적으로 당신의 마음이 먼저 대답할 것이기에 감각 느낌이 반응할 때까지 계속해서 질문을 반복해야만 한다.

❶ "이 중에 가장 나쁜 것은 무엇인가?" (당신의 핸들 단어가 '조마조마한'이라면 "이 모두와 관련해서 가장 '조마조마한' 것은 무엇인가?")

❷ "감각 느낌이 필요로 하는 것은 무엇인가?" (또는 "이게 괜찮게 느껴지려면 무엇이 필요한가?")

일상적인 질문으로 감각 느낌에 접속해서 두 가지의 질문을 차례로 해 본다. 질문할 때마다 모호한 감각 느낌을 감지하는 데 1분 정도의 시간을 사용했다면 잠시 포커싱을 중단하는 편이 좋다. 포커싱은 업무를 수행하는 것이 아니다. 그저 당신의 내면과 다정한 시간을 함께 보내는 것이다. 내일이나 다음에 시간을 내어 다시 생생한 기분으로 문제에 접근해 보라.

여섯 번째 활동 : 받아들이기

포커싱을 하는 동안 당신에게 무엇이 다가오든 기쁘게 받아들여라. 그것이 무엇이든 당신의 몸이 하는 말을 기쁘게 받아들이는 마음가짐이 중요하다. 단지 하나의 전환일 뿐 최종적으로 당신에게 전달되는 단어는 아니다. 만일 이 메시지를 기꺼이 호의적으로 받아들인다면 다음 메시지가 이어질 것이다. 변화의 단계를 바로 다음으로 계속 이어서 진행해 간다면 다음에는 무엇이든 이전보다는 좀 더 많은 변화로 나타날 것이다.

당신은 감각 느낌이 지금 말하는 내용을 믿거나 동의하거나 행동할 필요가 없다. 그저 받아들이기만 하면 된다. 당신이 일단 전환과 함께 찾아오는 것을 받아들이기만 하면 또 다른 전환이 찾아오는 심오한 경험을 할 것이다. 그때는 당신의 몸이 하는 말이 평소와는 매우 다르게 느껴질 것이다. 당신에게 스스로 해야 할 어떤 조언을 하더라도 그냥 내버려 두라.

예를 들어, 감각 느낌을 통해 당신은 자신이 해야 할 일, 즉 당신의 깊은 내면이 필요로 하는 것이 무엇인지 알게 될 것이다. 그러나 맨 처음 나타나는 모습은 당신에게 매우 불가능한 일일지도 모른다. 당신의 배우자와 아이들을 떠나거나, 직업을 관두라고 요구하거나, 심지어 많은 돈을 요구할지도 모르기 때문이다.

비록 당장은 당신의 현실적인 질문을 충족시키지 못하더라도, 삶의 방향을 감지해 볼 수 있는 초기 형태의 느낌을 보호하는 것은 매우 중요하다. 당신의 몸은 변화고, 삶의 방향 또한 나타나는데, 이것은 단지 하나의 단계이다. 지금은 질문하던 것을 멈추라. 당신은 지금 당장 뭔가 대단한 일을 하기 위해 밖으로 뛰쳐나가지는 않을 것이다. 올바른 방향에 대한 새로운 느낌을 유지하라. 결국에는 자신에게 다가올 내용을 걱정하지 말라.

아주 작은 전환에도 충분한 시간을 가지도록 배려하라.

"괜찮아. 지금 나는 적어도 문제가 어디 있는지는 알고 있잖아."

이렇게 말하며 당신은 일시적인 안도감을 찾을지도 모른다. 하지만 그때의 비판적 질문들은 그것을 매우 빠르게 삭제해 버리기를 원한다.

"맞아. 하지만 내가 바꾸지 못한다면 무슨 쓸모가 있지?"

"이게 사실이야? 아마도 나 자신을 속이는 듯하군."

"다음 전환이 없으면 어떡하지?"

모든 부정적인 목소리에서 비롯된 전환을 보호하라. 그런 말들이 모두 옳아도 지금으로선 두고 볼 일이다. 방금 새로 나기 시작한 어린 싹에다 트럭 한 대 분량의 시멘트를 쏟아붓지 말라.

지금은 문제에 대한 단계들이 사실인지 여부를 확실히 알아보기 위한 충분한 시간이 지났다. 숨 쉴 수 있는 여유를 줘서 스스로 자라나도록 내버려 두고는 그것을 느끼고 함께할 시간이다. 이 단계가 지나면 아마도 당신은 포커싱을 멈추고 싶어 하거나 계속 진행해 가려고 할 것이다. 하지만 너무 서두르지는 말라. 앞으로 1분 정도가 지나면 당신은 결정을 내리게 될 것이다.

멈추기로 결정했다면 당신이 실제로 여기를 떠나더라도 나중에 다시 돌아올 수 있다는 점을 명심하라. 당신의 내면 풍경에서 실질적인 한 지점을 가리키는 것과 매우 흡사하다. 일단 어디인지도 알고 찾아가는 법도 알고 있다면, 당신은 오늘 떠나더라도 내일 다시 돌아올 수 있을 것이다.

받아들이는 자세로 임한다면 포커싱을 통해 다가오는 것들은 결코 당신을 압도하지 못할 것이다. 몸의 전환과 함께 오는 것은 뭐든지 기쁘게 받아들여야 하지만, 약간의 거리를 두고 떨어져 있을 필요도 있다. 당신은 그 속이 아니라 옆에 있어야 한다. 당신이 옆에 서 있을 수 있는 공간은 몸이 편안해지면서 몇 분 안에 형성될 것이다. 당신은 자신에게 말할 것이다.

"나는 이 모든 것을 하루아침에 해결할 수는 없다. 나는 그게 그곳에 존재한다는 사실도 잘 알고 있다. 나는 그걸 다시 찾을 수 있으며, 지금은 잠시 떠날 거야."

당신은 그곳에서 멀리 떨어져서 달아나거나 직접 들어가려 하지도 않을 것이다. 숨을 돌리고 당신과 그곳 사이에 공간이 있음을 직접 느껴 보라. 당신은 여기에 있고, 그것은 조금 떨어진 저곳에 있다. 당신이 가지고 있는 것이지, 그것 자체는 아니다.

원한다면 당신과 그것 사이에 문이 하나 있다고 상상해 볼 수도 있다. 당신은 문손잡이 위에 손을 올리고 원할 때마다 아주 조금만 열어 볼 수도 있다.

한 번 더 포커싱을 하길 원하는가?

당신의 몸이 포커싱을 멈추거나 계속하기를 원하는지 느껴 보라. 당신의 몸이 다음과 같이 말하는가?

"잠깐만! 나는 여기에 이제 막 도착했거든. 하루 정도는 그냥 내버려 뒀으면 좋겠어. 아주 새로운 느낌이야."

아니면 다음과 같이 말하는가?

"여기에서 멈추지 말자. 여기는 아직 새로운 장소가 아니야. 나는 여기에 남겨지는 것이 싫어!"

계속 진행했을 때의 반응과 멈추었을 때의 반응을 각각 상상해 보라.

만약 멈춘다면 우선 당신이 단지 문제를 가지게 된 단계로 돌아갈 수 있는지 확인하는 1분의 시간을 가져 본다. 일반적으로 그 결과를 기억하기에는 충분한 시간이 아니다. 나중에 기억해 내더라도 지금까지 가졌던, 직접적으로 경험한 사실성이 부족할 것이다.

마지막 전환이 일어나기 전 어떤 느낌이 다가왔는지 기억해 보는 것도 도움이 된다. 예를 들어, 당신이 단단하게 감긴 털실 뭉치를 핸들 이미지로 가지고 있다고 가정해 보자. 무엇이 털실 뭉치를 만들었는지 질문해 봄으로써 좋은 전환이 찾아왔고, 당신의 문제는 해결책을 향해 한 걸음 나아갔다.

당신은 그 단계뿐 아니라 전환 직전이 무엇이었는지도 기억할 것이다. 나중에 당신이 그 단계를 다시 생각해 내려고 할 때는 완전한 신체적 진실과 함께 돌아가도록 도와준다. 이전 이미지 덕분에 완전히 다시 돌아갈 것이다. 멈추기 전에 이것을 찾는 것이 도움이 된다.

포커싱을 한 번 더 진행하기 위해 당신은 문제 전체를 새롭게 느끼며 몸에게 물어보라.

"그건 모두 해결되었어?"

당신이 거기에서 기다린다면 여전히 미해결 상태로 놓여 있는 불편한 마음이 몸에 확실히 나타날 것이다. 당신은 이 전체적인 감각 느낌과 함께 머물며 이전에 했던 대로 2~6까지의 활동을 실시하면 된다. 아니면 당신은 마지막 전환이나 그와 함께 나타난 것에서부터 계속 진행해 나가도 된다.

"지금 그에 대한 전체적인 느낌은 무엇인가?"

고요한 시간 동안 자신의 모습 그대로를 이해하고 어루만지고 받아들임으로써 당신은 더 나아간 변화를 갈망하고 있다. 온화하고 이해심 있는 사람이 되고, 이 느낌을 인정함으로써 당신은 좀 더 나아간 변화를 위한 기반을 마련했다. 더 나아간 변화로 이동하기 위해 당신은 두 번째 활동을 다시 시작해야 한다. 당신은 방금 받은 몸의 메시지가 무엇이든 그보다 못하거나 뛰어넘는 감각 느낌을 얻는 것이다. 예를 들어, 마지막 단계에서 '무력한'이라는 느낌이 나타났고, 당신은 전환 근처까지 갔다고 가정하자.

"맞아, 그게 바로 내가 느껴 왔던 거야. 나는 항상 불쾌하고 심한 무력감으로 조마조마하게 지내 왔어! 난 정말 무력해"

이제 한 번 더 진행하기 위해 자신에게 물어본다.

"도대체 내게 '무력함'이라는 전체적인 감각 느낌은 뭐지?"

질문은 하되 스스로 대답해서는 안 된다. 느낌 자체를 심오하게 만들라. '무력한'은 여전히 맞는 단어지만, 지금은 전체 의미 중 오로지 빙산의 일각만 드러냈다. 당신은 단어 속에 숨겨진 의미의 크기를 짐작할 수 있을 것이다. 대부분 전체 의미와 관련되어 있다.

새롭고 보다 넓은 감각 느낌의 특성을 느끼도록 노력하는 '세 번째 활동'을 다시 실행한다. 단어가 나타나는 어디든 당신은 감각 느낌과 관련하여 확인해야 한다. 만일 단어들이 아무런 차이를 보이지 않는다면 그냥 흘려보내고 다시 감각 느낌으로 돌아간다.

느낌의 전환은 일종의 해방감처럼 느껴지는데, 당신이 그것을 알아차리는 표시이다. 이것은 당신이 포커싱 활동들을 실행하는 동안 언제든 다가올 수 있다. 그런 일이 일어나면 반갑게 맞이하라. 또한 활동들의 일부가 동시에 발생하기도 한다. 그 경우도 기계적인 것이 아니라 인간적인 과정의 일환일 뿐이다.

문제들이 해결된 느낌이 들기까지 많은 주기의 반복과 단계가 있을 수 있다. 당신은 각 단계별로 몸의 전환을 느끼게 된다.

한 차례의 포커싱 과정 동안 문제 전체를 모두 처리하기란 대체로 불가능하다. 문제가 해결될 때까지 보통 한 다스의 단계가 소요되며, 많으면 100개 이상의 단계가 필요할 수도 있다. 그 과정들을 이행하는 데 수개월이 걸릴 수도 있다. 단순히 당신이 충분하다고 여겨질 때까지 길게 지속해 나가면 된다. 어느 순간 다음처럼 말하게 되는 시기가 찾아온다.

"글쎄, 아직 문제를 해결하지 못했어. 하지만 나를 아주 기분 좋게 만들어 주는 정류장에 와 있는 기분이야. 이러한 큰 변화에 내 몸이 적응하고, 세상 밖으로 나가서 어떤 일이 일어나는지 알아보려면 하루 정도는 시간이 필요할 거야."

포커싱 단계들과 표면적인 활동 단계들은 종종 번갈아 가며 일어나고, 각자 서로를 돕는다. 포커싱을 처음 시도하여 극적인 결과를 얻지 못했더라도 낙심해서는 안 된다. 다른 기술들과 마찬가지로 포커싱에도 연습이 필요하다. 우리가 지금까지 봐 온 것처럼 포커싱을 실행하기 위해서는, 특정한 몸과 마음의 자세와 관련하여 뿌리 깊이 배인 습관이나 자신에게 말하는 너무나 익숙한 방법들을 극복해야 한다. 그러한 어려움들을 다루려면 긴 시간이 요구된다.

과거 수년 동안 나는 동료들과 함께 수많은 사람들에게 포커싱을 가르쳐 왔다. 우리는 사람들이 익숙하지 않은 내면의 영역을 탐구할 때 변함없이 직면하는 어려움을 주의 깊게 관찰해 왔다. 따라서 우리는 어려움들을 다루는 방법을 잘 알고 있다. 처음에 내면의 변화를 경험하지 못했더라도(통계적으로 그럴 가능성이 있다) 오로지 당신만 그런 것이 아니다. 당신의 문제가 무엇이든 우리는 이 책이 끝나기 전에 도움을 줄 것이다.

Part 2에 남아 있는 글들은 이러한 목적을 위해 만들어졌다. 사람들의 포커싱을 방해하는 가장 일반적인 문제들을 검토하고, 그것에서 벗어나는 방법을 제시한다.

포커싱의 6단계 활동
❶ 공간 정리
❷ 감각 느낌

❸ 핸들 찾기

❹ 공명하기

❺ 질문하기

❻ 받아들이기

포커싱이 아닌 것

포커싱을 시작하는 사람들이 경험하는 매우 일반적인 어려움 하나는 포커싱의 결과물에 대한 당혹스러움이다. 대부분의 사람들은 성인이 될 때까지 심리 치료와 관련해 비전문가의 교육을 받는다. 어느 정도는 유용하다고 여기기 때문에 포커싱의 기능에 선입견을 가질 가능성이 있다. 당신이 마음속에 같은 오류를 가지고 포커싱 경험을 시작한다면 잘못된 방향으로 빠질 가능성이 매우 높다. 따라서 다음의 내용을 명심해야 한다.

포커싱은 자신에게 말을 거는 과정이 아니다

당신이 일반적인 사람들과 같은 부류라면 인생에서 무엇이 문제인지 분명 많이 알고 있다. 당신은 종종 자신을 질책하고, 명확한 추론과 가정을 바탕으로 질책에 관한 근거를 만들 것이다.

"우리 엄마는 항상 남자를 싫어하셨고, 사람들에게도 그렇게 말씀하셨어. 나도 엄마에게 물려받았다는 걸 잘 알고 있지. 나의 내면에는 틀림없이 엄마의 그런 생각 중 일부가 남아 있을 거야. 아니라면 내가 남자와 엮이는 것이 이렇게 힘들 이유가 없을 테니까."

또는 당신은 세련된 훈계 따위는 접어 두고 아주 노골적이고 단순하게 자신에게 욕을 해 댈 것이다. 불평하는 대상은 지금 당신에게 필요하다고 생각하는 부분이다.

"확실히 내 문제가 뭔지 알아. 배짱도 용기도 없는 사람이 바로 나야. 내게 무언가 잘하는 일이 없는 건 당연해."

자책과 자기 혹평을 일삼는 일은 불쾌할 뿐 아니라 쓸모없는 변화만 가져올 따름이다. 당신이 두 사람으로 나뉘어 한 명은 감옥에, 다른 한 명은 밖에 서 있는 경우와 유사하다. 바깥에 있는 사람은 감옥 안에 있는 사람을 훈계하고 욕한다. 감옥에 갇힌 사람을 비참한 곤경에 빠뜨렸을 것으로 추정되는(일반적으로 증명되지는 않는) 성격상의 결점들을 잔인하게 목록으로 만든다. 하지만 그중 어떤 것도 감옥에 있는 죄인이 빠져나올 도움을 주지 못한다. 항상 그렇듯 자책이 끝나면 내면의 자아는 갇히고 만다.

포커싱은 그와는 다르다. 외면적 자아에게 말하는 대신 당신은 내면적 자아에게서 나오는 목소리에 귀를 기울인다. 조용히 다정하게 호의적인 방식으로 "무슨 문제라도 있니?"라고 질문한다. 지금까지 당신은 자신에게 이렇게 친절하게 대해 본 적이 없을 것이다. 대부분 사람들은 스스로를 매우 나쁘게 취급하고, 심지어 지금까지 대했던 다른 누구보다도 무례하게 대한다. 자신의 내면적 자아에게 는 가학적인 교도관 같은 행동을 한다.

지금 당신은 자신에게 "정말로 무엇이 잘못되었지?"라고 질문한 후 일부러 대답을 삼가고 있다. 누군가 타인에게 질문한다면 당신 은 곧바로 단도직입적으로 질문하지도 않을뿐더러, 자신의 질문에 스스로 답하려고 하지도 않을 것이다. 당신은 내면에서 느끼는 인 격에게도 마찬가지로 타인을 대하듯 대해야 한다. 내면에서 느끼는 인격 역시 스스로 대답할 수 있고, 당신이 모든 질문에 답하는 것을 원하지도 않는다.

매우 빠르게 다가오는 유창하고도 익숙한 대답들은 흘려버리려 고 노력하라. 당신이 수년 동안 수천 번의 자기 설교와 질책 과정에 서 들었던 아주 오래되고도 틀에 박힌 대답들이다. 단호하게 거절 하라. 당신에게 어려움을 주는 상황과 관련한 몸의 감각 느낌으로 부터, 또한 내면으로부터 신선하고 새로운 대답이 나올 동안 고요 하게 기다려라.

포커싱은 분석 과정이 아니다

인간의 개인사에 관한 이성적인 분석은 매우 쉽고, 때로는 재미있기까지 하다. 그 분석은 정교하거나 단순하거나, 아주 진지하거나 실내 게임이 될 수도 있다. 지식인들은 개인의 특성상 어쩔 수 없이 최소한이긴 하지만 어느 정도는 분석을 행하기도 한다.

"내가 혼자인 이유는 틀림없이 남자를 잘못 고르기 때문이야. 끝까지 나를 거부했던 남자도 매료시켜야 했어. 지금도 혼자인 이유는 아버지 같은 사람을 찾고 있기 때문이야."

개인적인 분석의 내면에 깔린 기본 가정이 정확한 사실이라도 본인에게 좋은 영향을 주지 못한다. 자신의 내면에 있는 어떤 것도 변하지 않았고, 본인은 여전히 옴짝달싹 못 하는 상태이기 때문이다.

사실 자기 분석이 이루어지는 조건들은 '갇힌' 특성을 강조하는 경향을 보여 준다. 당신이 자신에게 "그게 바로 내가 사는 방식이야"라고 말했다면 변화의 가능성이 없다는 암시이다. 그런 의미에서 분석은 항상 비관적이다.

반대로 포커싱은 낙관적이다. 포커싱은 변화에 대한 아주 긍정적인 기대를 바탕으로 하기 때문이다. 포커싱은 완전히 분석되는 고정된 구조로 인간을 생각하지 않는다. 지속적인 변화와 진보가 가능한 하나의 과정으로 여긴다. 내면의 '문제'는 단지 그동안 진행을 멈추었던 과정의 일부분일 뿐이다. 포커싱의 목적은 멈추지 않고 삶을 다시 움직이게 만드는 것이다. 정확하게 포커싱을 시행한다면 당신은 변화를 기대할 수 있으며, 포커싱 과정 속에서 변화를 창조해 낼 수도 있다.

분석하는 대신 당신은 문제와 관련된 감각 느낌과의 접속을 통해 한꺼번에 문제 전체에 대한 포커싱을 시작할 수 있다. 감각 느낌이 신체적인 전환을 가져오도록 유도하는 특별한 수용성을 가지고 있기 때문이다.

당신은 '지난밤 우리가 했던 싸움과 관련된 모든 것'의 무수히 많은 상세 내용들을 모두 개념화할 수는 없다. 하지만 문제 전체를 느낌으로써 당신은 핵심에 접속하고, 그 아래에 있는 것과도 연결될 수 있다. 당신은 스스로 문제가 해결되었다고 느껴질 때까지 한 단계씩 포커싱을 진행해 나가면 된다.

문제 해결은 단순한 이해와는 많이 다르다. 포커싱에서는 문제에 관해 단지 이야기만 하지 않는다. 어떻게 문제를 느끼는가에 따라 신체적인 전환을 경험하게 된다.

포커싱이 실질적인 문제 해결의 단계를 만들어 낼 때, 몸의 전환은 갇혀 있던 내면에 무언가 변화가 생겼다는 신호를 보낸다. 각 단계들은 문제에 대해 이전에 느껴 왔던 방식과는 약간 다르면서도 더 나은 느낌을 갖게 해 준다. 지금까지 문제에 대한 감각 느낌이 변했다는 것은 당신도 변해 왔음을 알려 주는 하나의 방식이다. 살아가며 문제에 다시 직면하면 그에 대한 당신의 반응은 분명히 달라져 있을 것이다.

일반적으로 성공적인 포커싱 단계는 지금까지 잘못되어 왔던 것에 대한 보다 참된 이해를 제공한다. 신체적인 느낌 전환에 따라 무언가 단어나 느낌과 같은 이해의 형태로 다가오며, 주로 새로운 용어로 훨씬 더 분명하게 설명해 준다. 모든 어려움은 당신이 살피고 있는 어떠한 고려 사항과도 다른 무언가에 자주 뿌리를 둔다. 당신의 신체가 가진 지혜를 받아들이고 더 깊게 포커싱을 하면 다시 몸의 전환을 동반한 무언가가 나타난다. 이로 인해 당신은 또 한 번의 놀라움을 경험하지만, 맨 처음 단계에서 받은 느낌을 논리적으로 따르지는 않는다.

그러나 가끔은 변화의 과정에서 하나 이상의 단계들은 당신의 논리적인 사고를 완전히 무시하고 지나칠 수도 있다. 그런 일이 당신에게 일어난 이유와 방식에 관한 완전한 이해 없이도 변화는 일어날 수 있다. 예를 들어, 당신이 '존에 대한 모든 것'처럼 다루기 힘든 감각 느낌에 포커싱한다면, 몸의 전환을 동반하는 단어들이 '존' 문제의 의식적인 이해에 별로 도움이 되지 않는다는 사실을 발견할 것이다. 이해는 단지 부산물에 지나지 않는다.

또는 당신에게 다가오는 것이 요점을 벗어났을지도 모른다. 당신은 이렇게 생각할 수 있다.

'그래, 괜찮아. 나는 지금 존에게 불편을 느끼는 새로운 이유가 무엇인지 알고 있어. 내가 하는 일의 일부가 그 문제와 뒤엉켜 있다는 사실도. 존이 내가 최선을 다해 열심히 노력하지 않는다고 생각하는 것도 알아. 하지만 그게 어떤 도움이 될까? 다음에 그를 만나더라도 문제는 여전히 남아 있을 거야. 그렇지 않아?'

아니, 그렇지 않다. 포커싱을 통한 몸의 전환을 동반하여 나타난다면 전혀 그렇지 않다. 포커싱에서 전환은 존에 대한 감각 느낌에 변화를 가져온다. 이성적으로 지각하기 위한 당신의 능력이나 다른 누군가의 능력을 뛰어넘어 수백 또는 수천 가지의 방식으로 말이다. 그 변화는 당신의 이성적인 마음이 아니라 몸에서 일어나는 것이다. 당신의 의식적인 마음은 거의 아는 바가 없으며, 당신이 알고 있는 것은 오로지 다음에 존을 만나면 다른 느낌을 가지고 다르게 행동할 것이라는 점이다(가끔은 나중에서야 그중 일부를 이해할 수 있다. 자신이 원하는 경우에만).

포커싱 과정은 처음 경험하는 사람들이나 수년 동안 연구해 온 사람들 모두에게 신비로운 것임에 틀림없다. 우리 인간들은 여전히 마음과 몸에서 일어나는 일들에 대해 아는 바가 별로 없다. 나는 왜 그런 일이 일어나는지보다 어떤 일이 일어나는지에 훨씬 많은 확신을 가지고 말할 수 있다. 나는 많은 이들의 마음속에서 일어나는 일들을 확인했고, 나의 내면에서 일어나는 일도 느껴 왔다. 지금은 당신의 내면에도 그런 일이 일어나게 할 차례이다.

당신이 지금까지 해 본 적이 없다면 지금 10분간 포커싱을 해 보라. 당신이 마주치는 어려움들에 주목하라. 다음 장에서 바로 그 점에 도움을 주려고 한다.

포커싱은 단순한 몸의 감각이 아니다

감각 느낌은 특정한 문제나 염려 또는 상황과 관련된 몸의 물리적 감각이다. 의미의 물리적인 감각이기도 하다. 만일 당신이 순전히 몸으로만 느껴지는 감각을 가지고 있고, 그것이 인생의 어떠한 부분과도 관련되어 있지 않다면 그냥 흘려보내라. 인생이 어떻게 되어 가고 있는지 자신에게 물어보라. 그러면 오래지 않아 당신은 신체적인 감각 느낌을 얻을 것이다.

포커싱은 단순히 '직감'과 접속하는 것이 아니다

당신은 특정 문제와 관련된 독특하고 강렬한 느낌을 가질 것이다. 그 느낌은 대개 반복적이다. 특히 그런 느낌을 여러 차례 경험해 왔다면 반복해서 한 번 더 받을 것이라는 점에 거의 이견이 없다.

감각 느낌은 당신이 가진 문제 전체로 인해 몸에서 만들어지는 것보다 광범위하고, 처음에는 모호하며, 인지할 수 없는 일종의 불편함이다. 그것을 위해 당신은 익숙한 느낌에서 한 발 뒤로 물러서 있어야 한다. 감각 느낌은 당신의 몸이 문제를 취급함에 있어 보다 넓고, 보다 덜 강렬하며, 획득하기 쉽고, 훨씬 더 포괄적인 방식이다.

감각 느낌의 핸들로서 '특성 단어'는 당신이 가진 문제에 대해 아직 많은 이야기를 들려주지 않은 단어일 테지만, 당신 자신에게 적절한 단어(또는 이미지)이다. 이 중에는 '힘겨운', '답답한', '집착하는', '주눅이 든', '초조한'과 같은 단어들이 포함되어 있다. 해당 단어들은 아직 명확하지 않은 감각 느낌의 특성을 계속해서 유지할 수 있게 도와준다.

자신을 위한 공간 정리하기

포커싱에서는 첫 번째 활동이 대단히 중요하다. 첫 번째 활동을 실행할 수 있으면 나머지 활동들 역시 실행될 가능성이 있기 때문이다. 포커싱의 나머지 활동들이 진행되는 동안 첫 번째 활동에서 당신은 자신이 실천해야 할 공간을 정리해야 한다.

보통 각각의 포커싱을 시작할 때마다 첫 번째 활동은 맨 처음 단한 번만 실행하게 된다. 당신이 감각 느낌을 통해 한 번에 한 단계씩 진행해 나가면 나머지 활동들은 주어진 시간 동안 수십 번씩 반복될 것이다. 처음에 어렵다고 여겨지는 활동들은 사람에 따라 다르다. 따라서 첫 번째 활동이 어렵다고 낙심해서는 안 된다.

첫 번째 활동은 자신에게 소위 말하는 '긍정적인 설정'을 제공하는 행위이다. 당신은 자신을 나머지 포커싱 활동들이 자유롭게 일어날 수 있는 몸과 마음의 상태로 만들게 된다. 이때 당신의 내면 행동은 매일 아침 본격적으로 작업을 시작하기 전에 화가들이 하는 일반적인 행동과 매우 흡사하다.

화가들은 작업을 시작하기 위해 붓을 깨끗이 씻고, 굳은 페인트를 풀고, 말라붙은 물감 찌꺼기를 긁어내고, 물통을 휘젓고, 지난밤 사이 딱딱하게 굳거나 응고된 물감 튜브를 주무른다. 주된 작품 활동에 비해 그다지 중요하지 않아 보일지 몰라도, 화가들은 그런 작업들을 완료하기 전까지 본격적인 작업을 아예 시작할 수조차 없다.

첫 번째 활동에 접근하기 위한 방법은 많이 있다. 그것들은 긍정적인 설정, 즉 '몸과 마음의 수용'을 만들어 내는 다양한 내면 행동이다. 어느 한 사람에게 효과가 있었던 접근 방법이라고 해서 다른 사람에게도 효과가 있는 것은 아니다. 개인적으로 자신에게 의미 있는 한 가지 이상의 방법들을 가져야 한다. 당신의 내면에 좋은 결과를 가져오는 한 가지 방식이나, 여러 가지 접근 방법들을 결합한 당신만의 방법을 말한다.

어수선한 공간을 정리하라

우리는 이미 앞에서 방을 청소하는 방식의 접근법을 살펴보았다. 그 과정이 내가 '첫 번째 활동'이라고 부르는 '공간 정리'에 해당한다. 숨을 쉬고 잠시 편안하게 앉아 있을 만한 공간을 만들기 위해 자신이 가진 모든 문제들을 한쪽으로 제쳐 둔다. 약간은 다른 사례들을 활용해 보는 것도 좋다.

당신의 문제와 적절한 거리를 유지하라

문제에 빠져서 허우적거리다 문제 자체로 변하고 싶은 사람은 아마 없을 것이다. 한편으로 사람들은 문제에서 멀리 떨어지거나 무시하거나 억누르고 싶어 하지도 않는다. 일반적으로 그런 방법들은 별로 효과적이지 못하다는 사실을 잘 알기 때문이다.

실제로는 그보다 훨씬 더 유용한 제3의 방법도 존재한다. 문제와 약간의 거리를 두고 떨어져 있으면서 여전히 자신 앞에 두고 살펴보는 내면 행동이다. 당신은 문제 속으로 들어가지 않고 약간만 떨어져 뒤로 물러나 있는 것이다. 더 이상 압도적이라고 느껴지지는 않지만, 아직은 문제가 자신 앞에 놓여 있다는 사실을 느낄 정도의 거리이다.

문제에서 단지 몇 미터 정도만 떨어져 있도록 한다. 원하기만 하면 손가락 끝을 활용하여 물건을 만지듯이 당신은 문제로 다가가서 만져 보고 느낄 수 있다. 또한 지나치게 위협적이라고 느껴지면 즉시 뒤로 물러설 수도 있다.

당신은 첫 번째 활동에서 문제를 하나씩 적용해 볼 수 있을 것이다. 특정한 날에 당신을 힘들게 하거나 상처를 주고 잔소리를 해 대며 괴롭히는 것으로부터 어느 정도 거리를 두고 떨어지도록 한다. 물론 여전히 당신 앞에 놓인 문제를 직접 눈으로 볼 수 있다. 문제도 모두 바로 그곳에 존재한다. 하지만 당신은 잠시나마 문제들로부터 상처를 입지 않는 아주 조그만 피난처에 들어와 있다.

좋은 느낌을 허용하라

어떤 이들은 내게 첫 번째 활동이 약간은 문제를 회피하는 것처럼 보인다고 말하기도 했다. 그러한 사람들은 대체로 자신이 가진 모든 나쁜 느낌들을 항상 최고의 강도로 느껴야 한다고 믿고 있다. 그게 아니라면 자신이 겁쟁이라고 생각한다. 심지어 그들은 아주 사소하게 느껴지는 좋은 느낌에도 죄책감을 느끼는 듯하다. 문제가 해결되지 않는 한 계속해서 나쁜 느낌을 가지는 것을 자신들의 의무처럼 여긴다. 나는 그들에게 잠시 동안 좋은 느낌을 가지는 것을 염려하지 말라고 말해 준다.

"당신은 지금 무언가를 회피하는 것이 아닙니다. 걱정하지 마세요. 당신이 좋은 기분을 느끼는 동안에도 모든 것들은 나쁜 상태로 존재한다는 사실을 알잖아요."

엉망이었던 것은 여전히 엉망인 채로 제자리에 존재하기에 당신이 치워야만 한다. 당신은 문제로부터 잠시 떨어져 휴식을 취할 뿐

결코 회피하는 것이 아니다. 실제로는 스스로 정반대의 행동을 한 것과 같다. 자신에게 좀 더 효과적이고 다양한 방식으로 문제를 처리할 능력을 주었기 때문이다.

기념물처럼 되어선 안 된다

첫 번째 활동은 당신의 문제를 기념물로 만드는 일을 중단하는 아주 짧은 시간으로 생각하라. 대부분 사람들은 자신의 몸이 끊임없이 문제를 표현하도록 해야 한다는 생각을 가지고 있다.

우리는 항상 자신의 몸과 함께 생활한다. 즉, 모든 문제와 나쁜 상황들은 마치 몸에서 갑자기 발생하는 경련과 같다고 볼 수 있다. 문제로 인해 몸에서 경련이 발생하는 한, 우리의 몸은 이미 어떠한 형태로든 문제를 가진다. 전반적으로 상쾌한 몸 상태를 유지하며 해당 문제에 잘 대처해 나가기란 거의 불가능하다. 문제로 존재하는 동안 문제에 대처하는 것이다. 포커싱은 당신의 몸에 짧은 휴식을 주는 것으로 시작한다.

대부분의 사람들은 자신의 몸을 인생에 문제가 있는 모습으로 가두며, 매 순간마다 모든 잘못의 기념물이 되어 간다. 그러나 잘못된 모든 것들의 기념물인 불행한 몸으로 다가갈 수 있는 당신은 말할 것이다.

"괜찮아. 우리는 너를 잊지 않을 거야. 너는 잠시 휴식을 취해도 돼. 나중에 다시 돌아와서 기념물처럼 서 있을 수도 있지만, 지금은 가서 쉬는 것이 좋겠어!"

두려움이란 회피와 망각에 관한 것이다. 마치 당신에게 '회피하든가, 아니면 계속 끔찍함을 경험하든가'라는 두 가지 선택 사항이 있는 것과 같다. 하지만 제3의 선택도 존재한다. 당신의 몸에 완전하고 건강한 느낌이 깃들게 하고, 문제를 구상화해서는 안 된다. 단지 문제들을 당신 앞에 놓아두라. 당신은 문제들을 회피하는 것이 아니라 아직 완전히 압도당하지 않았을 뿐이다. 약 1분간 그리할 수 있다면 새로운 방식으로 당신의 어려움과 고통을 해결할 준비가 된 것이다.

부담을 내려놓는다

다른 비유를 하자면, 포커싱의 첫 번째 활동에서 당신의 내면 행동은 지금껏 지니고 있던 무거운 짐을 내려놓는 것과 같다. 당신은 불편한 가방을 짊어지고 수십 킬로미터나 걸어왔다. 지금은 걸음을 멈추고 어깨에서 짐을 내려 잠시 휴식을 취하고 있다. 오로지 처음으로 짐을 내려놓았을 때에만 당신은 짐 속의 내용물을 확인할 수 있다.

당신의 몸은 휴식이 필요하다. 당신은 매일 아침마다 무거운 짐을 짊어지고 있다. 만일 당신이 대부분의 일반 사람들과 같은 성향이라면, 다시 잠자리에 들기 전까지 절대로 휴식을 취하는 법은 없을 것이다. 그럼에도 당신은 아마도 며칠 정도는 아침잠에서 깨어났을 때 잠시나마 몸이 가볍고 상쾌한 느낌을 가질 것이다. 우리가 원하는 느낌이 바로 그런 것이다. 눈을 크게 뜨고 아주 기분 좋게 편안함과 평온함을 느껴 보라.

당신에게는 계속되는 고행의 길이 펼쳐질 것이다! 당신은 어제 자신을 괴롭혔던 문제들을 기억하고 있을 것이다. 매일 아침 우리는 무거운 도구들을 짊어지고 하루를 비틀거리며 살아간다. 포커싱의 첫 번째 활동을 통해 당신은 지금까지 짊어졌던 무거운 짐을 바닥에 내려놓는다. 짐 속에서 하나씩 문제들을 꺼내 일렬로 줄을 세우고는 그저 살펴보기만 하라.

위안을 주는 목록

첫 번째 활동에 대해 생각해 볼 또 다른 방법은 여전히 존재한다. 바로 '해야 할 일 목록' 만들기와 유사하다.

분명히 당신은 해야 할 일들이 너무 많거나, 주어진 일을 처리할 시간이 너무나도 부족할 때의 긴장을 경험해 보았을 것이다. 예를 들어, 휴가나 장거리 여행을 떠나기 전에 당혹감이 밀려오거나, 비행기에 오르기 며칠 전부터 제자리를 빙빙 돌며 안절부절못하는 자신을 발견하게 된다.

그런 상황이라면 자신에게 무언가 중요한 일을 잊어버린 경우처럼 당신이 염려할 만한 일을 저질렀을 가능성이 높다. 그럼 어떻게 자신을 진정시킬 수 있을까? 가만히 자리에 앉아서 자신이 해야 할 일의 목록을 작성해 보라.

물론 목록을 작성한다고 해결되는 것은 아니다. 다만 당신은 좀 더 편안한 마음을 가질 수 있을 것이다. 정신적인 공황 상태를 진정시켜 주고, 침착하고 순차적으로 당신을 문제의 핵심에 접근할 수 있는 상태로 만들어 준다.

몸에 대한 신뢰

마음의 평온을 찾는 첫 번째 활동에서 당신은 몸을 신뢰하는 것이 자신에게 얼마나 도움이 되는지 깨달을 것이다. 당신의 몸을 완전한 자연 상태로 돌려놓아라. 당신의 몸은 매 순간마다 완전한 편안함과 자연스러움을 느낄 것이다. 단지 당신의 몸이 그렇게 하도록 내버려 두라.

일단 당신의 몸이 자연스럽고 경련 없는 본연의 모습이 된다면 문제를 해결할 지혜를 가진 상태라는 의미이다. 당신은 긴장이 풀린 해방된 몸을 활용하여 자신이 가진 스트레스와 상황들을 처리할 것이다.

자신 앞에 문제를 쌓아 두는 방식으로 주어진 휴식으로 생긴 약간의 좋은 느낌은 사실 불완전하다. 그렇다 하더라도 당신이 쌓아 올린 문제들을 하나씩 처리하기 시작하면서 기분이 훨씬 더 좋아질 거라는 기대감을 갖게 된다. 당신의 몸은 항상 더 나아지고 싶어 하는 성향을 보이는 복잡한 생명 유지 체계이다.

우리는 너무나 잘못되었다고 느낀 나머지 나쁜 느낌들을 기본적인 상태로 받아들인다. 그러나 실제로 그렇지는 않다. 나쁜 느낌이란 좋은 상태가 어떠한지 몸이 인지하고 그 상태로 밀어내는 것이다.

올바름으로 나아갈 여유만 준다면 모든 나쁜 느낌들은 보다 나은 존재 방식으로 나아가는 잠재력을 가진 에너지가 된다. 당신의 내면에 있는 다양한 나쁜 느낌들의 존재는 몸이 지금 무엇이 옳고 그른지를 파악하고 있다는 증거이다. 당신의 몸은 무엇이 완벽한 느낌이고, 무엇이 잘못된 느낌을 불러일으키는지 확실히 알고 있다.

당신의 몸은 무엇이 옳은 느낌인지 안다. 내면에서 느껴지는 '나쁘다'나 '잘못되었다'는 느낌들은 사실 당신의 몸이 측정한 '완벽함'과 실제 느낌 사이의 차이이다. 당신의 몸은 가야 할 방향을 알고 있다. 삐뚤어진 그림을 어느 쪽으로 기울일지 당신이 확실히 아는 만큼 몸도 안다. 만일 기울어짐의 정도가 당신이 완전히 알아챌 정도로 뚜렷하다면 잘못된 방향으로 틀어지게 할 가능성은 확실히 없다. 그림을 바로잡으려다가 실수로 더 틀어지게 할 가능성도 없다. 잘못된 느낌은 옳은 곳을 향하는 방향 감각을 반드시 가지고 있다.

우리가 생각하고 제어하려는 윤리와 도덕적 가치는 상대적이면서도 다양하다. 하지만 우리의 몸이 나쁜 느낌에서 멀리 떨어지고자 하는 가치들은 훨씬 더 객관적이다. 물론 우리가 발전해 갈수록 몸도 더 많은 것을 배운다. 몸은 이미 모든 가능한 가치들을 감지하지 못하고 있지만, 우리 생각보다는 훨씬 더 많은 것을 감지한다. 몸은 자연계와 우주에서 믿기지 않을 정도로 훌륭한 시스템이다. 무엇이 생명을 존중하는지, 그렇지 않은지에 대한 전체적인 감지는 생각이나 감정보다도 훨씬 더 많이 표현된다.

무언가를 추가한다면, 우리는 이미 몸이 느끼고 있는 것 자체의 가치에 적응하는 방식을 확인해야 한다는 것이다. 우리는 자신의 의견에 반대하거나 근거 없는 가정을 하지 않고서는 이런 가치가 무엇인지 말하기가 불가능하다. 하지만 삶의 과정은 그 자체로 방향성을 가지고 있으며, 상대적이지 않다. 우리가 공식화하려는 모든 가치들은 삶의 과정에 비해 상대적이며, 그 점에 비추어 측정되어야 한다.

포커싱에서 당신은 특정 시간에 강한 올바름의 느낌을 가지고 몸의 전환을 야기하는 몇 단어들을 종종 발견할 것이다. 그 단어들은 나중 단계에서 나타나는 내용에 따라 대체된다. 당신은 자신에게 다가오는 하나의 단어 묶음이나 한 가지 느낌, 하나의 신체적인 메시지를 신뢰할 수도 없으며 신뢰해서도 안 된다. 하지만 당신은 잘못된 상태를 해결하거나 바꾸기 위해 자신의 몸을 움직이게 만드는 단계 전체는 확실히 신뢰할 수 있다. 비록 특정 단계의 단어들과 이해가 대체된다 하더라도, 당시에는 올바른 단계였고 곧바로 다음 단계로 이끌어 줄 것이라고 신뢰할 수 있다.

나는 '몸'이라는 단어에 물리적인 기계보다 훨씬 더한 의미를 담아 사용하고 있다. 당신은 주변 환경 속에서 물리적으로 살아가고 있을 뿐 아니라, 마음속의 사고를 통해서도 살아간다. 당신에게 물리적으로 느껴지는 몸은 사실 이곳과 저곳, 지금과 다른 시간대, 당신과 다른 사람들의 신체를 포함하는, 실제로는 전 우주에 대한 거대한 시스템의 한 부분이다. 거대한 시스템을 기반으로 한 신체적인 생존의 느낌이 바로 내면에서 느껴지는 그대로의 몸이다.

무언가가 잘못되면 몸은 즉각 알아차리고 자체적인 수리 작업을 실행시킨다. 몸은 올바른 상태가 어떤 느낌인지 알고 가능한 근접하게 유지하기 위해 지속적으로 과정들을 확인하고 조정한다. 예를 들어, 우리 몸은 36.5도의 아주 좁은 범위 내에서 자체 온도를 유지한다. 적도 근처에 살든 극지방에 살든, 전 세계 사람들은 모두 정확히 같은 체온을 가진다. 당신의 체온도 여름과 겨울, 운동하거나 휴식하는 동안에도 같은 체온을 유지한다. 몸이 적절한 균형을 유지하기 위해 무엇이 올바른지를 알고 지속적으로 감시하고 조정하고 보충하기 때문이다.

당신은 체온 유지 프로세스를 의식적으로 제어하는 연습을 할 필요가 없다. 자신의 몸이 매일매일 지속적으로 그 과정들을 수행하리라 믿고 있다. 또한 언제 잘못된 일이 일어나는지도 알고 있다고 믿는다. 몸은 항상 알고 있다. 체온이 '적절한' 상태를 아주 조금이라도 벗어나기만 해도 당신은 틀림없이 몸의 상태가 이상하다고 느낀다.

의학적인 도움은 오로지 신체 보살핌을 통해 자체 치료 시스템이 제대로 작동하도록 도와줄 뿐이다. 의사들은 몸이 상처를 치유하게 돕는 방법을 알고 있을 뿐, 실제로는 상처 스스로 치유되는 것이다. 마찬가지로 당신이 하는 일은 몸이 가진 치료 시스템이 제대로 조치를 취하도록 도움을 받았는지 여부를 확인하는 것이다.

당신의 몸은 치료와 생존하는 방향을 알고 있다. 포커싱을 통해 시간을 가지고 들어 본다면 당신은 올바른 방향으로 나아갈 단계를 깨달을 것이다.

거대한 공간

첫 번째 활동(공간 정리)은 특성상 혼자서도 할 수 있다. 매우 천천히 실행한다면 당신은 그 자체로 중요하게 생각되는 상태에 놓일 것이다. 그러면 당신은 포커싱의 나머지 단계들을 다음으로 미루어도 된다.

　이런 방식으로 첫 번째 활동을 실행하는 것은 보다 정교하다고 할 수 있다. 당신은 주의를 몸에다 기울이고 삶이 전적으로 좋고 즐거운 느낌이라고 몸에게 제안한다. 당신은 자기 삶의 무언가에 관한 약간의 불편함을 몸에서 느낄 것이다. 당신은 그것이 무엇인지 알고(크든 작든) 받아들인다("그래, 거기 있었군"). 당신은 그것을 호의적으로 자신의 옆자리에 두는데 마치 실제로 바닥에 놓인 느낌이다.

　지금 당신의 몸에게 물어보라.

　"어쨌든 이 문제들이 모두 해결된다면 몸에 어떤 일이 일어날까?"

　당신의 마음이 어떤 대답을 하든, 몸에 다가온 느낌을 직접 감지할 때까지 기다린다. 이후 잠시 동안 그 자리에 존재하도록 내버려두라. 이제 자신에게 물어보라.

　"이것을 제외하면 현재의 삶이 완전히 멋지고 즐겁다고 느끼는가?"

　당신은 다음에 나타나는 것에도 계속 같은 질문을 적용해 볼 수 있다. 매번 당신은 질문에 따라 나타나는 몸의 반응을 기다려야 한다.

　보통 5~6가지 정도가 이런 식으로 나타난 후 한 가지가 더 나온다. 일반적으로 개개인을 위해 항상 나타나는 '배경 느낌'이다('늘 우울한', '늘 조금 슬픈', '늘 두려운', '늘 열심인' 등). 현재 어떠한 특성이 항상 존재하는가? 당신과 좋은 느낌 사이로 다가오는 것은 무엇인가? 그것

역시 제쳐 두고(가끔 그것에 무엇이 더 포함되는지 알아보겠지만 지금은 아니다) 다시 물어보라.

"그것마저 옆으로 제쳐 둔다면 몸에 무엇이 다가오는가?"

이 방법을 통해 당신은 더욱 확장된 거대 공간의 감각을 느끼게 된다.

우리 각자가 짊어지고 있는 부담에 따라 다양한 자아가 발견될 수 있다. 당신은 자신이 제쳐 둔 것 중 어떠한 것도 아니다. 당신은 어떠한 내용물도 아니다.

넓은 공간에 당도하면 잠시 동안 머물고 싶어질 것이다. 하지만 그곳에 도착하기 위해 당신은 몸에 특정한 질문을 하고 구체적인 반응을 기다려야 한다.

우호적인 경청

첫 번째 활동은 자신의 내면에서 친절한 느낌의 환경을 구축하는 시간이다. 당신은 자신의 이야기를 공정하게 들을 준비를 하는 것이다. 아주 부드럽게 자신에게 물어보라.

"지금 기분이 어때? 지금 무슨 생각을 하고 있니? 당장 네게 중요한 것은 무엇일까?"

당신은 직접 대답해서는 안 된다. 그저 기다리기만 하면 된다. 대답이 느낌이 되어 당신의 몸에 다가오게 하라.

　사람들은 항상 자신들을 힘들게 하거나 그럴 것 같은 일의 목록을 아주 길게 생각하는 경향이 있다. 그것은 우리가 원하는 목록이 아니다. 우리는 단지 정상적인 건강한 느낌으로부터 당신의 몸을 방해하는 것이 무엇인지 알고 싶을 뿐이다.

　처음에 당신은 주먹으로 벽을 치는 조급한 모습을 보일 수 있다. 당신이 자신을 잘 알고 있다고 생각하기 때문이다.

　"난 괜찮아. 주요 인간관계와 다른 걱정거리에 대한 나쁜 느낌만 없다면 말이야."

　하지만 이는 당신의 질문에 직접 대답하는 것이다. 몸은 그렇게 빨리 대답하지 않는다. 약 30초 정도의 시간이 필요하다. 당신은 기꺼이 몸에게 30초라는 시간을 제공할 수 있을까? 이상하게도 대부분의 사람들은 그렇게 하지 못한다.

　시계를 보고 30초가 얼마나 긴 시간인지 직접 확인해 보라. 아마 놀라울 정도로 긴 시간이라는 사실을 깨달을 것이다. 바로 지금 30초의 여유를 가지고 한번 시도해 보기 바란다.

　우리는 대부분의 사람들이 자신에게 매우 불친절하다는 점에 이미 주목했다. 그들 중 한 명이라면 당신은 지금까지 친구보다 더 못하게, 심지어 자신이 싫어하는 룸메이트보다도 못하게 자신을 취급해 왔을 것이다. 당신은 평소에도 자신에게 투덜거리고 욕을 퍼붓지만, 무언가 잘못되기라도 하면 더욱 참지 못한다. 당신은 이상적인 사람에 대한 모델을 구축하고 스스로 미치지 못하면 자신을 비난한다.

"아, 나는 정말 게을러 터졌어. 내가 무언가 이루고 싶은 것이 있었다면 더욱 열심히 일했을 거야. 나를 위해 훌륭한 목표를 정했지만, 그저 뒷걸음질 치고 당황하며 변명만 늘어놓았을 뿐이야."

그러고는 자신에 대한 잔소리가 이어진다. 당신은 포커싱을 하고 나서야 고요하게 자리에 앉아 다정한 말투로 어떤 의미인지 자신에게 물어볼 것이다. '게으른'이란 말은 유일한 표면적 단어이며 모욕적이다. '게으른'이란 말은 당신이 어떤 느낌을 가지는지가 그리 중요하지 않다는 의미이다. 그러나 몸은 왜, 어떻게 당신이 지금 모습을 하고 있는지 알고 있다. 당신이 다정하게 귀를 기울여 몸의 이야기를 경청한다면 중요한 핵심이 들어 있다는 사실을 깨달을 것이다.

대체로 사회는 자신에게 대하는 것과 똑같은 태도로 당신의 말을 불친절하게 경청한다. 세상은 이렇게 말한다.

"열심히 해 봐!"

물론 사람들은 결과를 원하지만, 가끔은 너무나 빠르고 긴박하게 원하는 바람에 그 속에 무엇이 들었는지 확인할 단 1분의 시간 여유도 가질 수 없다. 1분의 시간은 엄청난 차이를 만들 수 있다. 종종 어떤 사람들은 진정으로 우리를 방해하고 좌절시키는 것이 무엇인지 알고 싶어 하지도 않는다.

"그냥 제대로 해 봐."

우리를 방해하거나 좌절시키지만, 한편으로는 더욱 향상시키고 효과적이며 보다 흥미롭고 창의적으로 만드는 내면의 복잡성은 그리 환영받지 못한다. '게으른', '내키지 않는', '이기적인', '자기 연민적인', '지나치게 예민한', '너무 부담스러운' 같은 비난의 말들은 진정으로 내면에 있는 것을 설명하지 못한다. 뿐만 아니라 오히려 우리의 내면에 존재하는 것을 묵살하는 경향이 있다. 비록 그렇더라도 우리는 자신의 내면을 들여다보아야 한다.

특정 기간 동안, 아마도 몇 년 정도는 말을 하지 못했던, 무척 수줍어하는 사람을 인터뷰한다고 상상해 보라. 당신은 5초 만에 평정심을 잃고는 그 사람에게 소리를 질러 대지는 않을 것이다. 당신은 그저 다정하게 질문을 한다. 그가 가망 없는 얼간이며 머리가 텅 비어서 말조차 제대로 할 수 없는 사람이라고 결론을 내릴 때까지 적어도 30초 정도는 기다릴 것이다. 더구나 당신은 그가 말한 첫마디를 무시하지도 않을 것이다.

포커싱을 시작하기 전에 자신을 완전히 바꾸라는 요구는 아니다. 당신이 자기 수용적이고 자애적일 수 있다는 제안도 아니다. 단지 이 페이지들을 읽었다고 당신이 원하는 모든 모습이 될 수 있다는 말도 아니다. 오히려 내가 하고 싶은 말은 포커싱을 할 특별한 시간을 가질 만한 당신의 태도에 관한 것이다.

내면의 목소리를 들으려는 시도를 방해하는 강하고 거친 소리가 크게 들리기도 한다. 때로는 자신을 비판하는 부분일 수 있고, 가끔은 조급해함이 완벽하게 훌륭한 삶의 에너지이기도 하다.

"나는 수년 동안 같은 곳에 있었어. 이제 나를 꺼내 줄 뭔가를 원해."

이것은 완벽하게 정당화된 느낌이지만, 그러기 위해서는 역시 기다려야만 한다.

"그렇지만 난 평생을 기다려 왔어."

물론 그렇더라도 지금은 당신의 내면적 자아의 목소리를 듣기 위해 단지 몇 분만 기다리면 된다. 다정하게 물어보자.

"너는 거기서 무엇을 느꼈지?"

포커싱의 첫 번째 활동에서 친절하게 경청하는 분위기를 조성하는 것은 중요하다. 자신의 내면에서 찾은 느낌이 무엇이든 받아들일 준비를 잠시 동안 하라. 논쟁을 벌여서는 안 된다.

우호적이지 못한 경청은 특정 대답이나 원하는 모든 대답들이 완전히 말해지기도 전에 거절되는 듣기이다. 화가 난 선생님이 문제 있는 학생에게 행하는 경청과 같다. 당신이 자신에게 다음과 같은 말을 지나치게 자주 하는 것도 마찬가지다.

"음, 지금 너 자신을 위해 어떤 말을 해야 할까? 너로 인해 우리가 겪고 있는 새로운 문제를 어떻게 설명할 수 있지?"

"글쎄, 나는……."

"닥쳐! 내가 말해 주지. 너의 문제는……."

포커싱의 첫 번째 활동이 이와 같아서는 안 된다. 당신은 자신에게 미소 지으며 먼저 손을 내밀고는 이렇게 말해야 한다.

"안녕! 지금 기분은 어때?"

이 질문으로 당신은 조심스럽게 자신이 직접 대답하는 위험을 피해 갈 수 있다. 대답이 내면에서 나오도록 유도하며, 그 순간에는 받아들여라.

"문제가 많아."

"오, 문제가 많다고? 좋아, 우리가 편히 앉을 수 있게 잠시 동안 문제들 사이에 공간을 만들어 보자. 그럼 지금 가장 힘겨운 문제가 뭐지? 아, 성적인 문제라고? 또 다른 건?"

말끔히 치운 공간을 계속해서 유지한다. 포커싱을 시작할 때는 문제들 속으로 뛰어들어서는 안 된다. 포커싱을 하고 있는 문제로부터 뒤로 물러서거나 옆에 머물도록 한다.

"오늘 느낌은 어때? 그 성적인 문제 말이야."

그리고 어떤 전환을 이룰 모든 기회와 더불어 두 번째 활동을 진행한다.

감각 느낌을 찾을 수 없다면

앞에서 우리는 첫 번째 활동을 성공적으로 유발하는 다양한 방법들을 살펴보았다. 거의 같은 방식으로 우리는 두 번째 활동에서 당신에게 일어날지도 모르는 문제들을 극복하는 방법에 대해 살펴볼 것이다. 앞에서 소개되어 당신도 기억할 것이다. 나는 '문제 전체에 대한 느낌'이라고 부른다. 자신을 괴롭히는 문제나 상황에 대한 전체적인 감각 느낌을 스스로 형성하게 만드는 활동이다.

앞서와 마찬가지로 나는 다양한 어려움들을 극복하기 위한 몇 가지 사항들을 제안할 것이다. 당신이 마음대로 사용할 도구를 선택하는 하나의 방편으로 이번 글을 살펴보기 바란다. 다음 도구들 중 자신에게 유용한 것을 골라 활용해 보라.

감각 느낌을 찾는 곳

당신은 문제에 대한 감각 느낌과 접속하는 데 어려움을 겪어 왔을 것이다. 아니면 감각 느낌이 다가오면 인지할 수 있다는 확신을 가지지 못했을 것이다. 어떤 언어를 활용하든 감각 느낌을 설명할 단어를 찾아볼 수 없어서 설명하기가 무척 어렵다. 지금까지 매우 극소수의 사람들만이 감각 느낌을 이해해 왔다. 사회, 또한 언어에서는 감각 느낌이 아니라 생각, 느낌, 개념 등과 같은 오로지 결과적인 징후들만을 검토해 왔다. 심지어 심리학자들조차 감각 느낌을 단지 불가사의한 것으로만 치부하고 있다. 지금으로선 오로지 우리의 연구만이 논의 가능하고 가르칠 수 있는 것으로 만들었다.

나는 감각 느낌의 본질에 대해 좀 더 말해 보고자 한다. 감각 느낌은 카펫처럼 여러 가닥의 끈이 서로 엮여서 만들어지지만, 전체적인 하나로 느껴진다(카펫의 비유로 밀고 나가자면 '보인다').

예를 들어, 골퍼들이 공을 칠 때의 동작은 안내자 역할을 하는 많은 조직들이 서로 엮여서 구성된 신체 인식이다. 목표를 향해 잘 짜인 위치, 주변 환경, 신체 동작 등과 관련된 세세한 정보를 골퍼들이 기억하기란 거의 불가능하다. 그러나 몸은 스윙을 하기 위해 취해야 하는 통합된 동작의 복잡한 설정을 알고 있다. 상황에 대한 하나의 감각 느낌은 문제와 몸이 알고 있는 해결책을 서로 통합한다.

골퍼들은 모든 세세한 내용들을 지성적으로 생각할 수 없다. 골퍼가 스윙할 때는 수백 개의 다양한 근육들이 정확한 방식으로 모두 함께 움직여야 한다. 각각의 근육들은 백만분의 1초 만에 동작을 취해 적절한 시간 동안 뼈에 당겨지는 힘의 양을 정확히 사용해야 한다. 몸은 이 모든 것을 전체적인 하나로 느낀다.

골프 선수의 스윙 준비 동작을 관찰해 보면 몸 전체가 목표물을 조준하는 것을 확인할 수 있을 것이다. 단지 눈이나 팔만 사용하는 것이 아니다. 발의 배치를 바꾸거나, 몸 전체를 회전하거나, 위치를 재설정한다. 골퍼들은 몸 전체의 느낌을 활용하여 조준한다.

그 과정의 일부로 의식에 대한 방향성이 요구된다. 골퍼는 '이번에는 왼쪽 팔꿈치를 똑바로 펴야 해'라고 생각할지도 모른다. 그러나 목표를 설정하는 다른 모든 동작들은 골퍼가 생각한 왼쪽 팔꿈치와 같은 의식적인 인지 없이 일어난다. 예비 동작들은 몸 전체의 느낌에 따라 인도되어 균형을 찾고, '맞아, 지금 나는 준비됐어. 느낌이 왔어. 바로 스윙할 수 있어'라고 알려 주는 느낌을 얻으려고 노력한다. 너무도 많은 세세한 내용들이 관련되어 있어서 골퍼들은 자신들의 '준비된 느낌'을 설명하지 못한다. 그럼에도 그들은 느낌이 왔음을 인지하며, 몸의 느낌이 정확할 때 스윙한다.

골퍼들이 스윙할 준비가 되어 있는지 여부를 판단하기 위해 살펴보는 곳과 같은 지점에서 감각 느낌을 찾을 수 있다. 그들은 머리로 질문하지 않으며, 단지 몸으로 해답을 느낄 뿐이다. 몸 안에서 일어나는 느낌에 대한 똑같은 과정들은 어떤 스포츠에서도 낯설지 않다. 머리로 질문하거나 머리를 사용해 몸을 지배하려는 행동은 절대 효과를 발휘하지 못한다.

어디에서 어떻게 감각 느낌을 찾아야 하는지 해답을 알아내기 위한 또 다른 방법이 있다. 당신에게 맞는 보다 익숙하고 유용한 사례들을 살펴보는 것이다. 당신이 지금까지 토론을 경청해 왔고, 이제는 주제와 관련하여 중요한 무언가를 발표할 차례가 다가온다고 가정해 보자. 다른 사람들은 여전히 대화를 하고 있지만, 당신은 자신이 해야 할 말을 준비하지 못했다. 당신이 가진 것은 오로지 하고픈 말에 대한 감각 느낌이다.

드물기는 해도 아주 공식적인 행사에서 우리는 정확한 발표를 위한 말을 준비해야만 한다. 대개 무언가를 말하려고 할 때 우리는 전달하고자 하는 바에 대한 감각 느낌을 가진다. 덕분에 말하는 동안 적절한 단어가 나오게 된다.

감각 느낌은 수십 개 내지 수백 개의 구성 요소를 포함한다. 전달하고자 하는 의미, 당신이 부여하고 싶은 느낌의 색채, 해당되는 특정 청자들에게 당신이 그 말을 하고자 하는 이유, 당신이 원하는 반응 등이 포함된다. 그러나 어떠한 구체적인 단어도 아직 나타나지는 않았다.

지금 당신은 발표할 순서를 기다리고 있다. 당신은 잠시 주의가 산만해진 상태이고, 하고자 하는 말을 놓친 상태라고 상상해 보자. 다른 사람들이 차례가 되었음을 알려 주고 당신이 말하기만을 기다리지만, 정작 당신은 아무 말도 할 수 없을 것이다.

당신은 할 말을 가지고 있지 않기 때문에 잃어버린 기억을 낚아 올리기 위한 기억의 갈고리로써 어떠한 단어도 사용할 수 없다. 당신이 하고자 했던 말에 대한 감각을 회복하기 위해 당신은 무엇을 할 수 있을까? 어디에서 그것을 찾을 수 있을까?

만일 내면에서 찾으려 한다면 당신은 비공식적으로 포커싱과 아주 흡사한 과정을 경험하게 된다. 지금부터 당신의 내면을 훑어보기 시작하라. 내면에 감각 느낌이 있지만, 이전에 가지고 있던 '말할 준비가 된' 열린 감각 느낌은 아니다. 대신 당신은 잊었던 말에 대한 느낌을 얻게 된다.

단지 고요하고 수용적으로 가만있기만 하면 저절로 감각 느낌이 열리면서 단어들이 홍수처럼 밀려들 것이라고 당신은 기대할지도 모른다. 아니면 자신에게 물어볼 수도 있다.

"그게 무엇에 관한 것이었지?"

당신은 논리적인 연관성을 찾기 위해 노력할 수도 있다.

"사람들은 이러이러한 내용을 말하고 있었어. 당연히 ……과 관련이 있을 거야."

또는 그림 맞추기 퍼즐의 잃어버린 조각처럼 여러 사건들을 둘러싸서 잃어버린 의미를 재창조하려고 노력할 수도 있다.

"캐롤이 ……라고 말한 직후에 그게 왔어. 내가 입을 열기 전에는 루가 ……라고 말했지"

이런 과정 중 어떤 것은 당신을 감각 느낌으로 인도해 줄 수 있으나, 이때 감각 느낌이 반드시 반응을 해야만 도움이 된다. 감각 느낌이 반응하고 열리면서 당신이 하고자 했던 말이 떠오르면, 신체적인 해방감은 당신이 해냈다는 사실을 알려 준다. 하지만 당신이 사람들에게 전달하고자 했던 말이 무엇이었는지 알게 된 순간에도 여전히 감각 느낌은 말로 표현되지 않는다.

당신이 하고 싶은 말을 알고 있을 때, 당신이 그 말을 잊어 버렸다는 사실을 알았을 때에도 감각 느낌은 존재했다. 어떤 사람은 자신이 잊어버린 것이 감각 느낌과 같은 것이라고 말하기도 한다. 실제로는 잊어버렸던 것이 기억나야 비로소 감각 느낌은 다시 열린다. 당신이 말하고자 했던 내용을 스스로 다시 찾아서 사용하도록 허용하는 것이다.

포커싱은 이와 매우 유사하다. 단어가 아니라 오직 느낌만이 존재하는 곳으로 가야 한다. 처음에는 감각 느낌이 형성될 때까지 아무 일도 일어나지 않을 수 있다. 그러다 감각 느낌이 형성되면 마치 내면이 무언가로 충만한 듯한 느낌이 들 것이다.

감각 느낌은 당신이 느낄 수 있는 의미를 내포하지만, 대부분 즉각적으로 열리지는 않는다. 일반적으로 그것이 열리기까지 몇 초 정도 시간이 소요된다. 당신은 그동안 감각 느낌과 함께 있어야 한다. 감각 느낌이 형성되고 열리기까지 보통 30초 정도가 소요된다. 주의가 흐트러지는 것까지 감안하면 필요한 수준으로 집중하는 30

상처받은 내 마음의 소리를 듣는 심리 치유

초를 제공하기까지 약 3~4분이 걸린다.

감각 느낌을 찾으려면 단어는 없어도 당신이 아는 자리, 몸이 느끼는 곳을 찾아보아야 한다.

감각 느낌을 얻기 위한 연습

❶ 당신이 좋아하거나 아름답다고 생각하는 것을 선택한다. 물건, 애완동물, 장소 등 어떤 것이든 가능하다. 어떤 면에서는 당신에게 매우 특별한 물건일 수도 있다. 1~2분 정도 소요된다.

❷ 한 가지를 정한다. "왜 나는 ……을 좋아하는가. 또는 왜 나는 이것이 아름답다고 생각하는가?"라고 자신에게 물어본다.

❸ 특별함이나 사랑스러움에 대한 전체적인 느낌을 느껴 본다. 의미를 알 수 있는 하나나 두 개 정도의 단어를 스스로 찾을 수 있는지 확인해 본다.

❹ 전체적인 감각 느낌에 해당 단어들이 의미하는 바를 직접 느껴 보고, 새로운 단어나 느낌이 다가오는지 확인한다.

무언가 크고 분명하게 느껴짐에도 말로 표현할 수 없는 감각 느낌을 직접 경험하도록 도와주는 연습이다. 실제 당신이 가진 사랑의 느낌보다는 표현 단어들이 가진 의미가 얼마나 부족한지 확인해 본다. 어쨌든 감각 느낌과 관련된 단어들의 의미는 옳은 것이다 (당신이 그 단어들을 찾기에 성공한다면).

감각 느낌을 형성하는 한 가지 방법

우리가 자신에게 잘 지낸다는 표현을 어떻게 했는지 앞서 내가 했던 설명을 다시 떠올려 보자. 그렇다면 몸 안의 나쁜 느낌은 어떻게 말대꾸를 할까? 우리는 "괜찮아. 정말 괜찮아! 그것 때문에 괴로운 것은 아니야"라고 말하지만, 몸을 확인해 보면 단지 예전과 같은 나쁜 느낌이 나타날 뿐이다.

이 방법은 감각 느낌을 얻기 위해 사용할 수 있다. 당신이 지금 한 가지 문제에 포커싱을 시행하고 있다고 생각해 보자. 물론 당신의 문제여서 좋은 느낌을 가지고 있지는 않다. 비록 그렇더라도 "나는 아주 기분이 좋아. 문제가 모두 해결되었거든"이라고 말하며 몸에게 의견을 제시해 보라. 당신의 몸에 주의를 기울이면 문제와 관련해 매우 구체적이면서도 '괜찮지 않은 느낌'이 나타난다는 사실을 매우 빠르게 알게 될 것이다.

물론 당신은 그동안 그 문제에 좋지 않은 느낌을 가져왔다는 점을 알고 있다. 그러나 지금 당신은 몸이 문제를 가지게 된 원인을 나타내는 감각 느낌의 정확한 특성을 감지할 수 있다.

만일 감각 느낌을 놓쳐 버리고 어찌할 바를 모르게 되었다면 포커싱을 하는 동안 언제든 같은 방법을 활용할 수 있다. 당신은 그저 몸에 주의를 기울이고 "그래서 이 문제는 이제 모두 해결되었군, 그렇지?"라고 말한다. 잠깐 동안 기다리면 여전히 풀리지 않은 문제에 대한 감각 느낌이 나타날 것이다. 그다음 감각 느낌의 특성을 감지해 보라.

문제 전체에 대한 벽화

가끔은 이미지로 시작해 감각 느낌을 찾는 것도 도움이 된다. 당신의 문제 전체가 넓은 벽에 걸린 매우 큰 그림이라고 상상해 보라. 그림 전체를 보려면 뒤로 물러서야만 한다. 그런 이미지가 당신에게 다가오게 한다. 그 이미지가 당신에게 주는 것은 어떤 감각 느낌인지 몸이 하는 말을 경청해 보라.

단어가 방해가 될 때

아주 오랫동안 문제와 함께 살아왔다면, 아마도 당신은 문제를 설명하기 위해 자신이 만든 말에 갇혀 있을 것이다. 이런 일은 대부분의 사람들에게서 일어난다. 어떤 사람은 말한다.

"나는 섹스와 관련된 문제가 무엇인지 알고 있다. 나는 그게 두렵다. 정말 두려워. 나는 느낄 수 있다. 무슨 말이 더 필요하겠는가?"

그런 단어들이 늘 가로막고 있다면 분명 아무 전환도 일어나지 않을 것이다. 모두 비관적인 단어들이며, 변화의 가능성을 부정한다. 그런 단어들은 다음과 같이 말한다.

"이게 내가 살아가는 방식이야. 나는 이렇게 살도록 만들어졌어. 그게 아니라면 삶이 나를 이렇게 만들어 놓았겠지. 나는 여기에 갇혀 빠져나가지 못해."

앞에서 우리는 그런 단어들을 흘려보내는 방법을 이야기했다. 우리가 알고 있는 것들을 무시하고, 몸이 진정으로 느끼는 것이 무엇인지 새롭게 발견하기 위한 방법이다. 당신이 가진 느낌을 받아들이고, 모든 것에 대한 감각 느낌으로 영역을 확장해 보라. 그러기 위한 또 다른 방법은 자신에게 물어보는 것이다.

"이런 문제를 가진 사람이 된다는 것이 지금 내게 어떤 느낌이지?"

당신은 처음에는 명확하지 않았던 보다 커다란 무언가를 즉시 느낄 것이다. 그것에 포커싱을 하라. 오히려 그것이 가진 느낌 특성이 즉시 명확해질 것이다. 그것은 아마 문제를 가진 것에 대한 분노나 문제 해결을 위한 절박함, 힘겨운 무력감, 위축되고 긴장되는 느낌일 것이다. 문제 전체의 감각 느낌이 다가올 수도 있고 당신에게 다른 구체적인 느낌도 주도록 하기 위해, 이제 해당 문제를 가진 한 사람이 되는 느낌이 어떤지 물어보는 것은 자신의 시야를 넓히는 데 도움이 된다. 그다음에는 당신에게 다가오는 주요한 느낌 특성에 포커싱하도록 한다.

또 하나의 실질적인 도움이 있다. 만일 설명하는 단어, 생각하는 단어, 비난하는 단어들이 계속해서 머리에 떠오르면, 자신만의 확장 가능한 질문들을 계속해서 되뇌어 보라. 예를 들어, "그것에 대한 전체적인 느낌은 무엇인가?"라고 계속해서 질문해 보라. 당신은 마음에서 단어를 만들어 내는 부분을 직접 통제할 수 있게 된다. 따라서 그런 단어들이 더 이상 거침없이 당신에게 쏟아져 들어오지 못하게 된다.

그 단어들과 맞서 싸우는 것이 핵심은 아니다. 단어를 그저 흘려보내는 것도 매우 좋다. 핵심은 스스로 그것들을 뒤로한 채 지나쳐 오거나 뛰어넘었다고 느끼는 것이다. 이를 위해서는 확장 가능한 질문을 계속해서 반복하는 것이 도움이 된다.

오래도록 가져온 똑같은 생각과 느낌에 갇혀 있지 않는 것이 중요하다. 하나의 다른 과정이 문제에 대한 몸의 보다 넓은 감각에서 시작될 수 있도록 시야를 넓혀야 한다.

단어를 제외하면 어떠한 다른 느낌도 없을 때

당신이 단어와 전혀 다른 느낌이나 감각 느낌을 경험할 수 없었다면, 그리고 당신의 느낌이 항상 그 느낌과 정확히 맞아떨어지는 단어와 함께 나타난다면, 항상 모든 것을 전체적인 하나로 만들기 위해 다음을 실행해 보라.

평소대로 첫 번째 포커싱 활동을 실시한다. 공간 정리, 문제들을 한곳으로 치워 놓기, 조용히 앉아 수용하기 등이다. 다음으로 당신이 가진 가장 느낌으로 충만한 단어를 천천히 12번 정도 반복한다.

"나는 그게 두려워……. 두려워……."

항상 몇 가지 질문들이 그 단어들의 주변을 맴돌게 하라.

"'두려운'이라는 단어가 무슨 뜻이지? 내면적으로는 어떤 느낌이야? 나는 어디에서 그 느낌을 받지?"

처음에는 말과 느낌이 정확하게 하나였지만, 잠시 후 느낌이 다소 커지면서 소위 말하는 단어의 가장자리 주변에 불쑥 튀어나온다. 물론 그 단어들이 옳다는 사실을 깨닫는다 하더라도 그것들은 오로지 느낌의 핵심만을 가진다. 실제로는 느낌에 대한 더 많은 것들이 존재하는 것이다. 시카고에서 포커싱을 가르치는 훌륭한 교사 중 한 명이 내게 말을 했다

"처음 제가 포커싱을 시도했을 때는 감각 느낌을 느낄 수 없었어요. 제가 느낄 수 있는 단어들만 가졌을 뿐이죠. 그것들이 맞는 단어

라는 사실을 제외한 어떠한 느낌도 없었어요. 제가 가진 단어는 무언가에 대한 정의와 같았어요. 저는 정확하게 그 단어 자체처럼 보이게 정의했어요. 저는 오로지 각 느낌의 핵심만을 보고 있었고, 느낌의 중심에는 단어의 의미가 있었어요. 어느 날 느낌 이상의 무언가가 있다는 사실을 깨달을 때까지 꼬박 3개월이 걸렸죠. 희미한 가장자리 같은 것을 가지고 있었어요. 그것들은 단어들이 가진 의미를 뛰어넘었는데, 제게는 획기적이었요. 희미한 가장자리를 가진 느낌이 바로 감각 느낌이었죠. 저는 지금도 그렇게 가르치고 있어요."

보다 희미한 느낌의 가장자리를 찾기 위해, 또는 단어에서 분리된 느낌을 얻기 위해 당신이 찾을 수 있는 가장 의미 있는 문구나 문장을 반복하면 도움이 된다. 당신이 어디에서 무엇을 느끼는지를 알아내기 위한 노력이라고 볼 수 있다.

어떤 면에서 당신은 지금 포커싱 활동들을 거꾸로 경험하고 있다. 어떤 사람들에게는 이것이 더욱 효과적이다. 가장 공통된 과정이 문제 전체의 감각 느낌과 처음으로 접속하는 것이다(두 번째 활동). 하지만 내가 앞서 말한 대로 포커싱은 기계적인 과정이 아니다. 만일 당신이 가끔씩 단어와 함께 시작해서 거꾸로 진행하여 전체적인 감각 느낌에 접속하는 방법이 보다 효과적이라고 생각된다면 그렇게 계속 진행하면 된다.

그렇게 하더라도 당신의 내면적 태도는 질문하는 것이지 말하는 것이 아니라는 사실에 확신을 가져야 한다. 수년간 자신에게 말해 온 바를 단순히 반복하는 것은 아무런 소용이 없다. 물론 반복적으로 질문을 하더라도 어떻게 몸이 경험하는지 질문한다는 생각으로 해야 한다. 당신의 감각 느낌이 대답할 수 있게 허용해야 하는 것이다.

몸의 긴장 풀기

포커싱을 하기 전에 몇 분간 스트레칭을 하고 온몸을 이완시키면 도움이 된다. 팔, 손, 팔뚝을 꽉 조이고 단단한 긴장감을 느끼게 하라. 긴장 상태를 느끼고 나선 천천히 이완시킨다. 그 차이를 느껴보고 온몸이 느슨하고 부드럽고 긴장이 풀린 상태를 느끼게 하라. 다리와 배, 턱 등 모든 신체 부위에 같은 동작을 반복한다. 당신이 어디까지 숨을 참을 수 있는지 확인하고 서서히 긴장을 푼다.

신체적으로 아무것도 느껴지지 않을 때

예전에 누군가 내게 한 말이 있다.

"포커싱을 배우기 전이었어요. 먼저 저는 평소의 일반적인 감정들이 어떻게 몸 안에 존재하는지 알고 싶었어요. 물론 저는 두려움과 불안, 흥분을 느끼곤 했죠. 하지만 단지 제 주위에서만 느꼈죠.

마치 공중에 떠 있는 것처럼 말이에요. 가슴이 뛰거나 가슴이 철렁 가라앉는 느낌 같은 것들이 몸 안에서 일어난다는 사실을 깨닫기까지 어느 정도 시간이 걸렸죠. 처음에는 모든 사람들이 내면에서 느끼고 있는 아주 일반적인 감정을 배워야 했어요. 그제야 비로소 저도 내면의 감각 느낌을 찾을 수 있었습니다."

만일 그런 경험들이 당신에게 알맞다면, 일상적인 감정을 강하게 느낄 때마다 자신을 붙잡을 수 있는 일주일 정도의 시간 여유를 자신에게 주어라. 당신의 몸이 느끼는 것에 주목하라. 당신은 자신의 몸이 내면의 감정을 느낀다는 사실을 알게 될 것이다.

지금 자신을 시험해 보라. 당신의 주의를 배에 집중할 수 있는가? 그렇게 할 수 있다면 당신은 배에서 아주 독특한 느낌을 느낄 것이다. 아마도 따뜻하고 희미하며 꽉 조인 긴장감일 것이다. 느껴지지 않는다면 당신은 그곳에 더 많은 주의를 기울여야 한다.

왼쪽 엄지발가락에 주의를 기울이고 필요하다면 조금씩 움직여 보라. 발가락을 아래로 꽉 눌러 보라. 지금 발가락에서 발생하는 감각을 느껴라. 다음으로 무릎으로 이동한다. 무릎을 움직이지 않은 상태에서 당신의 내면에서 스스로 찾을 수 있는지 확인해 보라. 주의를 사타구니로 올렸다가 배로 이동해 보라. 그곳이 바로 지금 당신이 있는 곳이다.

많은 사람들에게는 매우 낯설지만, 배우는 데 그리 오랜 시간이 걸리지 않는다. 대부분의 사람들은 자신의 주의를 배나 가슴에 집중할 수 있다. 조금만 더 노력한다면 당신도 가능하다.

당신의 마음이 방황하고 있을 때

포커싱하고 있을 때 의지와 상관없이 생각의 기차에 몸을 싣고 달리는 자신을 발견한다면 아주 부드럽게 원위치로 돌려놓는다.

"나는 무엇에 포커싱하고 있었지? 오, 그거야……. 내가 그것으로 무엇을 하려고 했지? 그렇군, 전체를 한 번 느껴 보자. 전체적인 느낌은 무엇이지?"

자신을 원위치로 돌려놓기 위해 당신은 주의가 산만한 어린아이를 다루는 것처럼 부드럽고 상냥하게 행동해야 한다. 관심을 끌기 위해 아이를 팔로 감싸고 부드럽게 당신이 가르쳐 주고 싶은 말을 일러 준다.

마음이 방황하면 아이에게 하듯 팔로 부드럽게 자신을 감싸고 원위치로 돌아가라고 알려 주라. 동작의 횟수는 상관이 없다.

느낌이 거의 없을 때

어떤 사람들은 자신의 느낌에 접속하기가 매우 어렵다고 생각한다. 적어도 가끔은 거의 모든 사람들이 같은 어려움을 경험한다. 예를 들어, 한 친구가 당신에게 가장 좋아하는 그림을 보여 주었다고 하자. 그림을 보고 당신이 무언가 의미 있는 말을 해 주기를 친구가 바란다. 하지만 그림을 보고선 당신의 내면에서 아무런 반응이 나타나지 않았다. 만일 나타났다 하더라도 당신은 제대로 접속할 수 없다. 당신은 그림을 한번 훑어보고는 입을 열어 그저 한마디 하고 말 것이다.

"음, 이건…… 멋지군."

이것은 당신의 내면이 아주 복잡하지 않고 단순하며, 감정의 끈이 가진 복잡성(내가 책에서 설명한)을 가지고 있지 않다는 사실을 나타내는 듯하다. 하지만 당신도 인간이기에 그것을 지니고 있으며, 항상 그곳에 존재한다.

'누가 우리를 속인다면 화가 날 거야', '누가 우리를 무시한다면 상처를 받을 거야' 같은 단순한 패턴에 너무나 익숙한 나머지 그 이면에 숨겨진 자신의 독특한 복잡성을 보려고 하지 않는다. 하지만 그것은 항상 이면에 존재해 왔다.

내가 당신에게 "당신은 무시당하고 있는데 어떤 느낌이 드나요?"라고 물어본다면 어떨까. 당신은 아마 "기분 나쁘지요. 당신이라면 기분이 어떨까요?"라고 대답할 것이다. 세상 모든 사람들은 무시당했을 때 '기분 나쁘다', '상처받았다'고 느낀다는 점을 보여 준다. 이것이 바로 진실이다. 하지만 나를 어디에서 어떻게 이해하는지는,

포커싱

당신을 어디에서 어떻게 이해하는지와 같지가 않다. '어디에서 어떻게'라는 말은 패턴화되고 보편적인 단순한 느낌 아래에 존재한다. 그것과 접속하기까지 약간의 시간이 더 소요되는 것이다.

당신은 자신에게 말해야 한다.

"그래, 맞아……. 나는 상처를 받았어. 그건 자연스러워. 물론 나는 그 이유도 알고 있어. 사람들이 나를 무시했어. 바로 그거였어. 하지만…… 그것이 나와 관련된 모든 것을 한번 느껴 보자. 그건 '그 사람의 모든 것'과 '그 사람과 관련된 나의 모든 것', 그리고 '무시당한다는 것이 나에게 의미하는 모든 것'을 지닌 채로 느껴야 해."

당신은 곧 그 느낌의 덩어리들을 아직 명확하지 않은 상태로 느낄 것이다. 그다음 당신은 그 감각 느낌과 핵심에 포커싱을 할 수 있다.

보다 복잡한 자신의 느낌에 접속하기가 어렵게 느껴질 때 당신이 할 수 있는 몇 가지 사항이 있다. 그것은 실행 방법에 관한 문제이다. 어떤 사람들은 자신의 느낌을 매일 시간대별로 규칙적으로 확인한다. 아마 당신은 그렇게 해 본 적이 없을 것이다. 그렇다면 다음 며칠 동안 한번 해 보라.

지나치는 느낌들을 확인하라. 타인들과 소통하고 일상을 경험할 때 마음속으로 가끔씩 하던 행동을 중단하고 아주 친절하게 '지금 내 기분은 어떤가? 지금 내 느낌은 어떠한가?'라고 자신에게 물어보라. 하지만 스스로 정답을 알려 줘서는 안 된다. 기다리면서 무엇이 다가오는지 살펴보라.

당신이 내면에서 찾아낸 것을 수용하는 한 이렇게 하면 기분이 좋아진다. 스스로 알아낸 것을 두고 자신을 나쁘게 말하거나 욕하지 말라. 단지 자신이 발견했으며, 확실하게 느껴진다는 사실에 감사하는 마음을 가져라. 당신의 내면을 알아 가는 것이 중요하다.

누군가가 함께 있다면 당신이 구체적인 느낌을 언제 명확하게 표현하는지 알려 달라고 하라. 자신의 느낌에 접속하는 데 도움이 될 것이다. 그는 당신에게 "너 화나 보여", "너 행복해 보이네"라고 말해 줄 것이다. 주변 사람들은 진정한 의미가 무엇인지 정확하게 알지 못하더라도 당신이 느낌을 가지고 있다는 사실을 올바르게 추측해 낼 것이다.

당신이 느낌을 가지고 있는 것처럼 보인다고 친구가 말해 준다면 고맙게 받아들여라. 그렇다고 느낌에 대한 친구의 말을 그대로 받아들여서는 안 된다. 자신의 내면을 확인해 보면 "너 화나 보여"라는 친구의 평가는 아마 틀렸을 것이다. 대신 당신은 화나고, 곤란하고, 짜증스럽고, 참지 못하고, 염려하고, 기타 이름이 붙지 않은 다른 기묘한 느낌이 느껴질 때 그것을 인지할 수 있을 것이다. 더 나아가 그 속에 무엇이 들어 있는지 느껴 보라.

만일 자신의 느낌에 이름이 없다면 아마 모든 것 중 최고의 결과물일 것이다. 당신이 우연히 그 느낌들 중 하나에 '화난', '겁나는',

'지루한' 등의 낡은 꼬리표를 붙인다면, 당신은 그 느낌들에 대해 알아야 할 모든 것을 알고 있다고 생각하게 된다. 당신이 꼬리표를 붙임으로써 그 느낌에 의미가 부여되고, 그것으로 끝이 된다.

그러나 '분노'처럼 꼬리표가 붙은 느낌을 느끼는 방법은 무한으로 많아서 항상 알아야 할 것들은 넘쳐 나게 된다. 지금 나의 '분노'는 내일이나 다음 주에 다른 상황에서 느끼게 될 또 다른 '분노'에서 나온 다른 느낌들의 덩어리로부터 불쑥 튀어나온 것이다. 이미 만들어진 꼬리표를 달고 있는 느낌에 머물 필요가 없는 이유이다. 특히 이름 없이 등장하는 느낌들을 주목하고 환영해야 한다. 이름 없는 느낌이 느껴진다면 잠시 멈추고 경청하면서 새로운 단어들이 흘러나오게 해야 한다.

"나는 지금 이것과 관련해서 무언가 할 수 있을 것 같은데……. 그렇지만 사방이 벽 같은 걸로 막힌 듯해."

공허함을 느끼거나, 갇힌 느낌이거나, 허탈함이 느껴질 때

포커싱을 하는 동안에는 무엇이든 하나의 느낌으로 나타난다. 앞서 설명한 대로 느낌의 부재 역시 하나의 느낌이다.

"나는 허탈해."

"그럼 이 '허탈감'은 도대체 어떤 느낌이지? 허탈감의 전체적인 느낌은 뭐지?"

"나는 갇혀 있어."

"그럼 이 '갇힌 느낌'은 도대체 어떤 느낌이지?"

긴박한 갇힘인지, 당신이 짊어진 바위와 같은 힘겨운 느낌인지, 아니면 '해야 할 일을 알지 못해 발생한 갇힘'인지 스스로 알아내야 한다. 아니면 함정에 빠진 느낌인가? 자신의 느낌에 시간적인 여유를 준다면 알아서 열릴 것이다.

자신에게 화가 나거나, 지나치게 열심히 하거나, 너무 안절부절못하거나, 포커싱이 두려울 때

포커싱을 원했던 곤경이나 문제 대신, 방해되는 것이라면 무엇이든 포커싱을 할 수 있다. 아마도 당신의 몸은 장애물이 먼저 제거되기를 원할지도 모른다. 예를 들어, 장애물이 분노라고 생각해 보자. 자신에게 물어보라.

"그럼 '이 분노의 모든 것'은 무엇인가?"

이 느낌이 감각 느낌으로 확장되도록 하라. 또는 다음처럼 할 수도 있다.

"거기에 다시 가서 무척 긴장하도록 열심히 노력해야지. 그럼 '열심히 노력한다'는 말은 무슨 의미지? 물론 나는 그에 관한 모든 것을 알고 있어. 잠깐만, 나는 모든 것을 알고 있다고. '열심히 노력한다'는 말의 모든 것이 무엇인지 한번 느껴 보자. 모든 것을! 그 모든 것은 대체 어떤 느낌일까?"

"나는 안절부절못해서 포커싱을 할 수 없어. 나는 너무 쉽게 흥분해. 흥분하지 않길 바라니까 내 주의를 내면 깊은 곳까지 내리겠어. 좋아, '쉽게 흥분하는'이라는 단어로 시작해 보자. '쉽게 흥분하는'이라는 말의 전체적인 느낌은 뭐지?"

이런 식으로 당신은 다음에 일어날 일에 대한 몸의 감각을 존중하게 된다. 일반적으로 문제에 접근하는 새롭고도 더 나은 방법이라는 사실이 밝혀졌다.

포커싱을 두려워할 때

"나의 내면을 살피고 싶지 않아. 그곳에서 알게 될 내용이 두려워."

사람들이 하는 일반적인 염려이다. 그러나 포커싱을 하는 동안 당신은 자신을 매우 친절하게 다룰 수 있다. 자신의 손을 잡고 말하라.

"괜찮아. 우리는 네가 가고 싶어 하지 않는 곳에 가라고 강요하지 않아. 만일 두렵다면 우리는 가까이 가지 않을 거야. 우리는 여기에 머물면서 네가 가진 두려움이 무엇인지 살펴볼 거야. 괜찮지? 지금의 '두려움'은 어떤 느낌이지?"

또는 자신에게 이렇게 말할 수도 있다.

"나는 문제에 포커싱하기가 두려워. 아마 그곳에는 내가 보고 싶지 않은 무언가 불편함이 있을 거야. 좋아……. 기다려……. 내가 들어가기를 원하지 않는다면 가지 않을 거야. 하지만 나는 물러서지도 않을 거야. 나는 포커싱하기를 원하지 않는 이곳에 머물면서 그 느낌이 무엇에 관한 것인지 살펴볼 거야. 두렵니? 좋아, 그렇다면 그 '두려움'과 함께 여기에 같이 있자. 지금의 '두려움'은 무엇일까? 어떤 종류의 '두려움'일까? 전체적인 느낌은 무엇일까?"

포커싱 과정은 좋은 느낌이다. 하지만 그렇지 않다면 약간 뒤로 물러서서 좋지 않은 느낌을 주는 것이 무엇인지 살펴보라. 장벽을 뛰어넘도록 자신을 압박하지 말라. 대신 즉각적으로 나타나는 느낌의 장벽에 포커싱하라. 그에 관한 전체적인 느낌은 무엇인가?

포커싱하려는 대상이 나쁜 느낌이거나 두려운 느낌이 될 수는 있다. 그러나 포커싱 자체는 항상 좋은 느낌을 주며, 나쁘게 생각하거나 두려워하는 느낌을 경감해 준다. 감각 느낌이 열리면 해방감이 찾아오고 다시금 기분도 좋아진다. 당신을 포커싱으로 안내하는 목적은 기분이 더 좋아지고, 주의를 집중하고, 감각 느낌을 개방하고, 해방감을 느끼고, 신선한 공기를 맛보게 하는 것이다. 내면에서 무엇을 발견하든 스스로 이름을 붙여 주고 주의를 집중하면 당신의 기분은 더 좋아질 것이다.

당신의 느낌을 회피한다면

어떤 사람들은 자신들의 내면에 무서운 것이 있다고 생각한다. 심리 치료사도 마찬가지다. 이는 불합리한 생각이다. 상자에 갇힌 독사 같은 형언할 수 없는 공포와 섬뜩한 상태는 당신의 내면에 존재하지 않는다. 많은 사람들은 자신에 대해 말한다.

"나는 뚜껑을 열고 싶지 않아. 모든 나쁜 것들이 밖으로 나오게 만들고 싶지 않아."

당신은 뱀으로 가득 차 있는 상자가 아니다. 당신은 살아서 꿈틀대는 느낌들로 넘쳐 나는 상자가 아니다. 당신은 하나의 과정이며, 당신의 느낌은 그 과정의 일부이다.

아버지가 내 말을 들으려고 하지 않을 때 느꼈던 한 가지 느낌이 있었다. 바로 '무력한 분노'이다. 당시 내가 가지고 있었고, 지금도 여전히 가지고 있다. 원하기만 하면 내 몸 속으로 다시 되돌릴 수도 있는 느낌이다. 하지만 나는 결코 그 느낌 자체가 될 수 없다. 하나의 완전한 몸이라고 할 수 있다. 나는 천 가지의 다른 느낌들과 함께 나타나는 이 느낌을 무력한 분노라고 부른다. 이 느낌이 다시 내게로 돌아올 때마다 또 다른 완전성을 지닌다.

포커싱을 하는 동안 나의 몸에게 전체 느낌에 대한 좀 더 많은 것을 달라고 요구한다. 그러면 내가 자신에게 접근하는 방식이 그 완전성을 바꾸게 된다. 좋은 느낌을 가져오는 포커싱 과정 자체는 이 느낌이 생산되는 주변 환경의 많은 부분을 바꾼다. 어린 시절에 느낀 나의 기억은 변하지 않지만, 몸 전체가 느낌을 만들어 내는 방식은 변할 것이다. 내면에 오랫동안 갇혀 있으면서 변하지 않았던 것을 몸이 스스로 바꾸도록 포커싱이 허락하는 이유이다.

내면에 있는 것을 두려워할 필요가 없다. 정작 우리의 내면에는 아무것도 없기 때문이다. 따라서 우리의 느낌은 매 순간마다 새롭게 만들어진다.

너무 많은 느낌들이 아주 빠르게 다가온다면

어떤 사람들은 느낌이 아주 빨리 다가오고 너무도 많아서 포커싱이 어렵다고 생각한다. 그런 사람들에게는 포커싱이 느리게 진행되어야 한다. 나는 그들에게 말한다.

"하나만 선택하고 멈추라. 선택한 것과 함께 머물라."

가끔 내가 하는 말도 도움이 된다.

"느낌에 대한 전체적인 혼란이 있어도 괜찮아요. 마치 그 아래에 하나의 느낌만 있는 것처럼 모두 그대로 내버려 두고 단지 스스로 고요하게 내려가 보세요. 모든 것 아래에서 그 느낌을 느낄 수 있는지 확인해 보세요."

(고요하게 내려가고선…… 말한다. "오, 상처받은 느낌이에요.")

"아하, 당신은 거기에 있군요. 상처가 어떤 것이고, 상처에 대한 감각 전체가 무엇인지 살펴보세요. 스스로 책임을 지고 모두 밖으로 던져 버린 후 하나씩 들어오게 하세요. 우선 당신에게서 모두 떼어 놓으세요. 그냥 앉아서 방 안을 둘러보고 모두 밀어 버리세요. 잠깐 휴식을 취한 후 느낌 하나만 들어오게 하세요. 반드시 하나만 들여보내야 한다는 사실을 명심하세요."

내면의 비평가가 당신을 속상하게 한다면

모든 사람은 내면에 '비평가'를 가지고 있다. 비평가는 아주 불쾌한 목소리로 말한다.

"너는 아무 일도 하지 않을 거야."

"넌 형편없어. 쓸모도 없고, 아무도 네 근처에 오길 싫어할 거야."

"네가 또 망쳐 놓았군. 넌 늘 이런 식이야. 멍청한 녀석이 여기 또 하나 있군."

"너는 우유부단하고 용기도 없어. 그게 너야."

가끔 이런 목소리에 그럴듯한 정보가 담기기도 한다. 그렇더라도 말투는 정말로 불쾌해서 자신에게 파괴적인 비난을 하고 있는지 구별할 수 있다.

내면의 비평가는 당신의 내면적 근원과는 다르다는 사실을 인지

하는 것이 중요하다. 비평가는 내면에서 말하는 자신에 대한 감각 느낌이 아니다. 오히려 외부에서 들어온 목소리와 흡사하며, 당신의 생각을 뛰어넘는다. 화난 부모나 비열한 교사처럼 당신 앞에서 좌우로 손가락을 흔들어 댄다.

당연히 당신의 내면에서 느낌을 만들어 내지만, 포커싱할 만한 느낌은 아니다. 단지 당신의 내면에서 비평가가 만든 압박감과 단단히 조여 드는 긴장감일 뿐이다. 자신의 비평가를 존중해서는 안 된다. 비평가는 당신의 양심이 아니다. 양심은 여전히 '내면의 작은 목소리'로 존재한다.

당신이 비평가를 복도로 내보내 기다리게 한다면 어떠한 정보든 훨씬 더 잘 평가할 수 있다. 당신의 감각은 내면에서 나오고, 항상 열려 있으며, 제약이 없다. 당신은 이것을 느낄 수도 있고, 느끼지 못할 수도 있다. 두 가지 중 무엇이든 포커싱을 위한 완전히 다른 종류의 신체적 경험이다.

비평가(모든 사람이 하나씩 가지고 있는)를 다루기 위한 최선의 방법은 무례한 말로 쫓아 버리는 것이다. 나의 비평가는 보통 같은 말을 계속해서 반복한다. 그래서 나는 그에게 말한다.

"꺼져 버려! 새롭게 할 말이 생기거든 다시 돌아와."

"그런 말투로 말하는 사람에게 귀 기울일 필요는 없어."

모든 심리 치료사들은 사람들이 가진 파괴적인 부분을 발견하고 다양한 이름을 붙여 주었다(초자아, 나쁜 부모, 반감, 비평가 등). 당신이 어떻게 부르든 속아 넘어가서는 안 된다. 포커싱을 실행하는 동안 비평가의 방해를 받으면 반드시 쫓아내야 한다. 비평가는 그냥 밀어내 버리고, 당신의 몸에 주의를 기울여야 한다. 비평가가 만들어 내는 압박감이 약해지게 만들라. 문제 전체에 대한 감각 느낌이 형성되는 자신의 내부적 근원을 다시 감지할 때까지 기다려라.

어떤 사람이 아주 좋은 말을 했다.

"그것은 몸의 중심에서 쾅, 쿵 소리만 들려줬어. 예전에는 끔찍한 느낌에 대한 신호였고, 지금은 나를 화나게 하는 신호이지. 마치 누군가가 나를 발로 걷어차는 것 같아. '당장 멈춰!'"(그녀는 두 주먹을 들어 올린다.)

단순하게 비평가의 말을 믿고선 당신의 기분을 얼마나 상하게 하는지 포커싱하지 말라. 대신 그 아래에서 당신이 진정으로 느끼고 인지하고 필요로 하는 것을 알아내라. 당신이 느끼고 필요한 곳으로 내려가라. 하지만 비평가와 함께해서는 안 된다.

"나는 금방 기분이 나빠지고, 항상 기분이 나쁘다"

신중하고도 정확한 방법으로 포커싱하는 방법을 지도하고 있음에도 불구하고, 어떤 사람들은 모든 과정을 건너뛰거나 곧바로 일상 속의 나쁜 느낌으로 향한다. 어떤 이들은 내면으로 들어갈 때마다 그곳에 존재하는 하나의 나쁜 느낌으로 변하곤 한다. 그래서 그들은 포커싱을 시작했다.

그룹을 지어 포커싱 방법을 지도한 후 나는 사람들에게 개별적으로 메모를 달라고 자주 요청한다. 포커싱을 시도하며 마주치는 어려움에는 어떤 것이 있는지를 묻는 것이다. 한 여성은 다음과 같이 썼다.

"여기에 왔을 때는 기분이 좋아요. 하지만 나쁜 느낌에 포커싱을 하고 나면 지금처럼 기분이 나빠집니다. 이것이 포커싱을 하는 이유인가요?"

정확히 말해 포커싱이 그런 것이라면 누가 하겠는가? 그것은 포커싱이 아니다. 포커싱은 오래되고 익숙한 당신의 나쁜 느낌보다 넓고도 다른 무언가의 감각 느낌이 형성되도록 만드는 것이다. 오래되고 익숙한 하수구에서 빠져나와 뒤로 한발 물러서서 나쁜 느낌이 포함된 문제 전체에 대한 보다 넓은 감각을 받아들여라.

예를 들어, 깨진 애정 관계의 상처는 기억하지 말라. 대신 뒤로 한발 물러서서 감각 느낌에게 당신과 사랑에 관련한 전체 영역의 감각을 형성해 줄 것을 요청하라.

'맞아, 상처가 있었지. 하지만 다른 것도 있지 않을까? 그 주변과 아래에 있는 전체적인 느낌은 뭐지?'

물론 당신은 자신만의 특별한 우울한 장소가 어디인지 알고 있다. 심지어 당신을 빨아들이는 그림도 있지만, 그 속으로 빨려 들어

가서는 안 된다. 당신의 인생 전체에 관해 어떤 느낌인지 자신에게 물어보라. 당신은 그 감정에서 벗어난 자신을 발견하게 되고, 그 아래에 있던 감각 느낌도 다가올 것이다.

이상하게 들리겠지만, 포커싱은 무거운 감정보다 더 가볍다. 가끔은 포커싱하는 중에 무거운 감정이 다가오기도 하지만, 감각 느낌은 늘 감정보다는 몸을 너그럽게 대한다.

훌륭한 열정, 어리석은 시샘, 눈물겨운 억울함, 엄청난 고통 등은 때로 당신이 거의 인지하지 못하는 미미한 느낌들에 의해 시작된다. 만일 당신이 많이 느껴 왔고 지금까지 추구해 온 느낌이 강한 열정이라면 그것을 유발한 아주 '사소한' 느낌에 포커싱해야 한다.

처음 포커싱을 들은 사람들은, 잠시 동안이나마 압도적인 느낌과 개인적으로 평화로운 상태를 경험하기 위한 포커싱을 위해, 오후 시간을 통째로 비워야 한다고 생각했다. 포커싱은 그런 것이 아니다. 감각 느낌 전체는 당신이 이미 느끼고 있는 것보다 가벼운 느낌이다. 당신은 버스를 기다리면서도 포커싱을 할 수 있다. 단지 당신과 느낌 사이에 있는 것이 괜찮은 상태인지 살펴보기만 하면 된다. 그 속으로 들어가지 말고 "네, 거기에 있네요⋯⋯"라고 말하고는 공간을 만들었을 때의 안도감을 느끼면 된다. 만일 문제 하나를 해결해야 한다면 문제에 관한 전체적인 감각 느낌을 얻어야 한다. 자신에게 물어보라.

"지금 거기서 감각 느낌을 가지면 어떤 기분일까?"

버스에 탈 때쯤이면 당신의 기분은 훨씬 더 좋아질 것이다. 해야 할 일 사이의 몇 분을 포커싱에 할애하는 것도 괜찮은 방법이다. 왜 당신은 긴장감을 하루 종일 짊어지고 살아가는가?

포커싱은 짧게는 몇 분에서 10분, 15분, 길게는 30분 정도의 짧은 시간만 있으면 가능하다. 더 이상의 시간은 필요하지 않다. 그 후 대화하고 휴식을 취하는 등 다른 일을 하면 된다. 너무 열심히 하지는 말라. 어차피 당신은 나중에 다시 돌아와야 한다. 그동안 당신의 몸이 일을 처리할 것이다.

감정 대 감각 느낌: 이 차이는 필수적이다

감각 느낌에 포커싱하면 당신은 거기에서 나오는 더 많은 느낌들을 경험한다. 하지만 감각 느낌은 분노, 두려움, 증오, 기쁨, 불안 같은 감정이 아니다. 감각 느낌은 당신의 전체 감정 상황에 대한 느낌이며, 많은 것들의 종합적인 느낌이다. 감정이 포함될 수도 있고, 그로부터 감정이 나오기도 한다.

당신이 아무 전환도 이룰 수 없다면

　몸의 전환은 대부분 세 번째, 네 번째, 다섯 번째 포커싱 활동에서 발생한다. 앞서 설명한 내용을 상기해 보자. 세 번째 활동은 감각 느낌의 특성에 대한 핸들을 얻는 단계이다. 네 번째 활동은 감각 느낌과 핸들 사이를 왔다 갔다 하며 공명하는 단계이다. 다섯 번째 활동은 당신이 감각 느낌에게 그것이 무엇인지 물어보는 단계이다. (문제 전체와 관련해 무엇이 이것을 만들었는가?) (많은 사람들의 경우 어쩔 수 없이 세 가지 활동이 동시에 일어나거나, 하나씩 연이어 빠르게 일어날 수 있다. 물론 구태여 분리할 필요는 없다.) 당신이 특정 활동에 갇히거나 해당 활동으로 진입할 수 없다면 아마 이번 글이 도움이 될 것이다.

고의로 놓아주기

　　자신들의 느낌에 대한 사람들의 태도 중에는 종종 유용한 결과를 만들어 내지 못하는 두 가지 반대되는 극단이 있다. 하나는 엄격하게 통제하는 태도이다. 머리로 몸을 지배하려고 하거나, 굴복하지 않으려고 하거나, 그로 인해 멈추는 것을 의미한다. 또 다른 극단은 느낌을 관리하거나 제어하는 것을 전혀 원하지 않는 태도이다. 떠다니기, 이미지들이 떠돌게 두기, 느낌이 오가게 두기 등을 제외한 모든 것들을 인위적으로 여긴다.

　　어떠한 극단이라도 당신의 몸의 전환을 막을 수 있다. 포커싱은 어느 정도까지는 고의적이면서도 통제되는 과정이다. 그 후에는 억제하기, 흘려보내기, 구속 풀기에 관한 고의적이면서도 공평한 이완이 기다린다.

　　'포커싱'이라는 단어는 처음에 모호했던 것을 예리하게 만들려고 스스로 노력하는 것을 의미한다. 당신은 감각 느낌을 찾아 자신이 휩쓸리는 것을 막는 과정들을 제어한다. 당신은 자신에게 물어본다.

　　"나는 당장 다른 무엇도 아닌 바로 이 느낌을 알고 싶어. 무엇에 관한 느낌이지? 그 속에는, 그 아래에는 무엇이 존재하지?"

　　당신이 어딘가에 휩쓸리는 것을 발견하면 다시 자신을 구속하면서 말할 것이다.

포
커
싱

"그때 내가 어디에 있었지? 아, 맞아. 나는 죄책감에 관한 무언가와 함께 있었어. 대체 어찌된 일이지······?"

일단 확실하고 아주 강력하게 감각 느낌과 접속하면 당신은 자신에게 가했던 구속을 풀게 된다. 그곳에서 나온 것을 통제하려고 하지 말라. 감각 느낌에서 비롯되는 한 어떠한 단어나 그림, 신체적 감각이라도 당신에게 다가오게 만들라.

이 과정을 바로 '고의로 놓아주기'라고 부른다.

몸이 진정으로 전환되도록 두기

처음 포커싱을 배우면 몸의 반응이 매우 약할 수 있다. 무언가 딱 맞는 것이 다가오면 당신의 몸에서는 간신히 느낄 정도의 '그래'라는 반응이 나타난다. 당신의 몸이 좀 더 큰 전환을 받아들이는 법을 배워야 한다. 깊고 긴 숨을 내쉬어 보라. 고개를 끄덕여 보라. 마치 뻣뻣한 자세로 오랫동안 앉아 있었던 것처럼 몸 전체의 긴장을 풀어 주라.

이러한 움직임은 당신의 마음을 누그러지게 만든다. 고의적으로 몇 번 더 시행한다면 당신의 몸은 좀 더 자유롭게 표현하는 법을 배울 것이다. 그때는 더 이상 고의로 하지 말고, 보다 표현적으로 변한 몸의 움직임이 자체적인 조화에서 기인하는지 살펴보라.

한 가지 사례로 두려움에 떨고 있는 작은 소녀를 생각해 보라. 소녀는 극도로 겁에 질려 있고, 오로지 눈망울만 움직일 뿐이다. 당신이 소녀에게 다가가 "얘야, 두렵니?"라고 말을 건넨다. 그러자 소녀는 세상에서 가장 꾸밈이 없는 작은 끄덕임을 보인다.

당신은 작은 소녀의 몸에 아직 변화가 일어나지 않았다는 사실을 알고 있다. 당신은 다시 그녀에게 말을 건네기를 원한다.

"두렵니, 얘야? 어떤 기분이 들어도 괜찮단다. 곧 우리가 무엇을 할 수 있는지 알게 될 거야. 너는 그게 무서웠니? 그래, 정말로 무서웠구나."

어린 소녀는 실제로 당신의 팔 안에서 마음이 누그러질지도 모른다.

물론 항상 커다란 감각 전환이 있는 것은 아니다. 가끔은 하나의 작은 단계가 오로지 미미한 신체적 효과만을 가져올 뿐이다. 하지만 자신의 몸에서 간신히 들리는 "네"라는 대답을 아주 빠르게 진정시키지 않고 계속해서 질문한다면 가끔 커다란 효과도 나타난다.

당신의 몸에 맞다고 느껴지는 무언가가 다가온다면, 많이는 아니더라도 몇 차례 정도는 확인해 본다. 잘못된 것일 수도 있지만, 보다 주요한 신체적 변화를 일으키기 때문이기도 하다.

몇 가지 효과 유발용 질문들

감각 느낌에 접속했지만 변화를 만들 수 없다면, 당신이 아직 자신에게 확장 가능한 질문을 하지 않았기 때문이다. 때때로 느낌은 특정한 방식으로 만들어진 질문에만 반응한다. 실제로 같은 질문을 다른 방식으로 만들면 반응하지 않는다. 일단 내면의 전환을 야기했던 질문이라도 다음에는 아무런 효과가 없을 수 있다. 따라서 자신에게 효과가 있는 하나 이상의 문구를 찾을 때까지 다양한 문구를 활용하여 실험해 보는 편이 좋다.

아래 목록은 많은 사람들에게 가장 큰 효과를 준 몇 가지 질문들을 모아 놓은 것이다.

"정말로 이것은 무엇인가?"

기본적으로 당신이 구하고자 하는 것이 무엇인지를 나타내지만, 질문이 지나치게 일반적이고 모호하다. 다음 질문들은 보다 구체적이다.

"이것의 핵심은 무엇인가?"

"가장 최악인 경우는 무엇인가?"

또는 "나를 가장 많이 괴롭히는 두세 가지 문제는 무엇인가?"

"그것의 중심에는 무엇이 있는가?"

"이것 아래에는 무엇이 존재하는가? 무엇이 그런 일을 하고 있는가?"

"이것으로 인해 내게 일어나야 하는 일은 무엇인가?"

"기분이 좋아지려면 무엇이 필요한가?"

문제가 무엇인지, 어떤 것이 옳은지를 물어보는 두 가지 기본적인 질문이 있다는 점을 명심한다. 활용해 볼 만한 또 다른 유형으로는 '지금까지 문제가 무엇이었으며', '어떤 일이 일어나야 하고', '어떤 일이 아직 일어나지 않았는지' 등의 질문이 있다.

가끔은 전진형 질문을 해 보는 것도 중요하다. 예를 들어, 당신이 자주 외로움과 고립감을 느낀다고 가정해 보자. 당신이 포커싱하는 동안 그 느낌이 자주 나타난다. 고립감과 어울리는 감각 느낌 전체에 포커싱을 하는 것은 매우 바람직한 행동이다. 자신이 스스로를 고립시키는 방식이나, 그것이 어떤 다른 점을 가지고 있는지 알게 될 것이다.

어떤 상황에서는 감각 느낌에게 "이런 식으로 느끼지 않으려면 무엇이 필요한가?" 같은 형태로 시도하는 질문도 중요하다. 과거의 문제뿐만 아니라 진전을 위한 삶의 단계들을 찾도록 한다.

핸들은 적합했지만 갇혀 있을 때

당신은 지금까지 문제와 관련된 전반적인 감각 느낌에 접속하고 문제의 특성에 관한 질문을 해 왔다. '나는 두려워'라는 핸들이 나타났다고 하자. 다음 단계로 진행해 가기 위해 애쓰면서 당신은 두려움 아래에 무엇이 있는지, 무엇이 그렇게 하는지 감각 느낌에게 물어보았다. 그러나 아무것도 나타나지 않았다. 이때 반복적으로 당신이 느낄 수 있는 것은 오로지 '나는 두렵다'뿐이다. 당신은 지금 갇혀 있는 것이다. 어떡하면 좋을까?

당신은 아마도 앞에서 내가 말했던 꼬리표가 달린 단어로 인해 갇혔을 것이다. 마치 그것이 필요한 말을 모두 한 것처럼 당신은 그 단어('두려운' 또는 무슨 단어든지)를 바라보고 있다. 혹은 당신은 그 느낌에 해당하는 유일한 단어로 '두려운'을 추적해 갈지도 모른다.

감각 느낌이 있는 곳까지 단어를 확장해야 한다. '두려운'이 유발된 더 넓은 느낌은 무엇인가? 세상에는 '두려운'을 동반할 수 있는 수많은 느낌들이 존재한다. 두려움을 동반하는 느낌의 덩어리에서 하나의 느낌을 찾아보라.

또는 신선한 새로운 출발을 시도하라. 문제로부터 한발 뒤로 물러서라. 여전히 그곳에 있을 것이기에 걱정하지 않아도 된다. 휴식을 취하고 심호흡을 하라. 문제를 단순한 '두려운'보다 넓고 깊은 것이라고 생각해 보라. 문제가 당신의 인생, 과거, 미래, 타인들 등에 관한 많은 다른 것들을 동반하리라는 사실을 절실히 깨달아야 한다. 그것은 당신 인생에서 하나의 전체적인 조각이고, 전체적인 맥락이다. 모든 것을 생각해 볼 때 당신 몸에서 발생하는 전체적인 느낌은 무엇인가?

아니면 "왜 나는 두려워하는가?"라고 물어보라. 반복해서 물어보되 직접 대답해서는 안 된다. 질문을 계속해서 시도하는 동안 무엇이 특별한 '두려움'을 동반하는지에 대한 전체적인 느낌을 얻기 위해 노력해야 한다. 그것이 가진 독특한 특성은 무엇인가? 당신의 내면에서 느껴 보고 어떠한 새로운 말들이 나타나는지 살펴보라.

"나는 두려워……. 그것과 더불어 외로움도 느끼고 있어. 마치 내 삶이 그러하듯……. 맞아! 바로 그것이 가진 느낌이야! 높은 곳에서 외줄에 홀로 매달려 있는데, 사람들은 모두 가 버리고 아무도 나를 도와줄 사람이 나타나지 않을 것 같은 상황이야."

이미지 활용하기

당신이 갇혀 있을 때 몸의 전환을 가져오는 또 다른 방법은 이미지 형성이다. 많은 사람들은 선명한 이미지를 가지고 있지만, 또 많은 이들은 그렇지 않다. 그러나 누구든지 눈을 크게 뜨고 본다면 일상의 이미지를 형성할 수 있다. 당신이 잠을 자는 침대가 놓인 방을 상상해 보라. 당신은 침대에서 문까지 어떻게 가는가? 심지어 독서를 하고 있을 때에도 시각적인 이미지를 불러올 수 있다.

똑같은 내면 공간에서 자신이 형성할 느낌에 대한 이미지를 요구할 수 있다. 이미지가 갑자기 떠오를 때를 기다려라. 이미지는 감각 느낌을 표현한다. 예를 들어, 당신은 숲, 사람, 폭풍우, 벽, 달리고 있는 자신의 모습을 볼 수 있다.

일단 이미지를 가지면 해당 이미지가 어떻게 당신이 느끼도록 만드는지 살펴보라. 종종 이미지를 가지고 있는 것만으로도 전환이 나타나기도 한다. 그것과는 상관없이 자신에게 "지금 이 이미지로 나는 어떤 느낌을 받을 수 있을까?"라고 물어보라. 아마 당신에게 하나의 단계를 제공해 줄 것이다.

상처 받은 내 마음의 소리를 듣는 심리 치유

책 뒤의 해답지 찾아보기

몸의 전환을 경험할 수 없다면 다른 방법을 활용해 본다. 문제가 해결되었다면 일어날 일들을 자신의 몸이 직접 경험하게 하는 것이다. 당신의 몸에게 물어보라.

"어쨌든 이 문제가 완전히 해결된다면 나의 몸은 어떤 느낌일까?"

몇 초 정도만 기다리면 당신의 몸에 전환이 일어날 것이다.

또한 전환 자체가 원한다면, 당신이 실행하는 동안 몸의 전환이 겉으로 드러날 수도 있다. 아마 당신의 몸은 고개를 똑바로 들고 앉아 있기를 원하거나, 긴장을 풀고 심호흡을 하거나, 자신에게 맞는 다른 방식으로 변화를 보여 주려 할 것이다.

이 과정을 통해 당신은 자신의 몸이 올바르게 느끼고 있는지 확인할 수 있다. 당신이 좋은 느낌을 느낀다면 계속 유지해 나가면서 무엇을 배울 수 있는지 살펴보라. 잠시 후 자신에게 말해 보라.

"나는 항상 이런 방식으로 느낄 수 있어."

그런 다음 기다려라. 내면에서 무언가 새로운 것이 당신에게 다가와 "아니, 미안해. 너는 항상 이렇게 느낄 수는 없어"라고 말하면 '그 무언가'에게 무슨 의미인지 물어보라.

이는 어려운 수학 문제를 두고 너무나도 일찍 책 뒤에 있는 해답지를 찾아보는 것과 같다. 정답은 알게 되지만 풀이 과정은 모른다. 다만 정답은 당신이 거꾸로 풀이하는 과정을 유추해 보도록 도와준다. 또한 풀이 과정 중에 찾을 수 있는 것이 무엇이고, 해답을 찾기 위해 무엇을 바꾸어야 하는지 직접 물어볼 수 있게 한다.

정답부터 시작해 거꾸로 공부하는 방식은 당신에게 문제에서 찾을 수 있는 여러 단계들을 제공할 것이다. 따라서 포커싱과도 잘 어울리는 방식이다. 일단 당신의 몸이 문제의 해답을 느끼게 만들라. 당신이 그러는 동안 기분도 좋아질 뿐 아니라, 자신에게 다음처럼 물어볼 수도 있다.

"이런 식의 느낌을 무엇이 방해하지?"

'무엇이 방해하지?'라는 말은 새로운 통로가 될 수 있다. 그러나 이를 활용하려면 모든 문제가 정말로 해결되었으며, 지금 몸과 마음이 기분 좋은 상태라고 자신을 속여야만 한다.

'무엇이 방해하지?'라고 질문하면 어떤 사람들은 곧바로 자신들이 있던 곳, 즉 문제가 만들어진 곳으로 돌아간다. 그렇게 해서는 안 된다. '무엇이 아닌 건가?'라는 새로운 질문이 나타날 때까지 가만히 앉아 모든 문제가 해결된 것처럼 꾸며야 한다. 거꾸로 자신에게 맞는 관계들을 만들어 가는 동안 해답지를 들고 있는 것 같은 좋은 느낌을 놓치지 않고 그대로 유지해야 한다.

포커싱의 후반 단계들을 거친 사람의 사례를 살펴보자.

"나는 나쁜 느낌을 가지고 잠시 앉아 있었는데, 몸에는 아무런 변화가 없었다. 나도 문제가 무엇인지는 알고 있지만, 그건 중요하지 않다. 지금의 문제는 내가 전환을 경험할 수 없다는 것이다. 그래서 '모든 문제가 해결되었다면 너의 몸은 어떤 느낌일까?'라고 질문해 보았다. 나는 '와! 난 자유야!'라는 느낌을 받았다. 마치 세상을 향해 행진해 가는 기분으로 정면을 보고 바로 앉게 되었고, 피는 더 빠르게 순환했다. 어깨가 들썩이는 느낌도 받았다.

다음으로 '내가 이 상태로 계속 있을 수 있을까?'라고 물었고, '아니'라는 대답이 돌아왔다. 다시 '도대체 안 되는 이유가 뭔가?'라고 묻자 나는 곧바로 특별한 두려움을 느끼게 되었다. 예전에 갇혀 있던 느낌보다 이 특별한 두려움에 포커싱하는 편이 훨씬 더 기분 좋게 만들었다.

특별한 두려움은 매우 기이한 느낌으로 판명되었다. 나는 보통 두려워하는 것이 없음에도 마치 인생을 두려워하는 듯한 느낌이었다. 도자기 가게에서 살다가 나오기 바로 전에 무언가를 깨뜨린 느낌이었다. 실제로 지금까지 내가 살아온 방식과도 유사했다.”

확인하기

당신이 나갔다가 다시 돌아올 수 있는 장소를 만들라. 고통스러운 장소는 즉각적인 전환을 만들어 내지 못한다. 당신은 하루 중 남은 시간 동안 수차례에 걸쳐 느낌의 가장자리를 확인해 봐야 한다. 이 일은 아마 며칠이 걸릴 수도 있다. 간단하면서 부드럽게 확인해 가라.

“내가 여전히 전체적인 것을 느낄 수 있을까……? 아, 거기에 있군. 무언가 새로운 것은? 아직도 똑같군. 좋아”

이 정도는 1분 정도밖에 걸리지 않는다. 결국 당신은 그곳에서 하나의 단계나 전환을 발견할 것이다.

“그건 틀림없이……”라는 말은 하지 말라

나는 지금 분석하고, 추측하고, ‘알아내는 행위’에 한 번 더 주의를 주고 싶다. 전환을 막을 수 있기 때문이다. 우리 모두는 자신의 문제를 많이 알고 있다고 생각한다. 우리는 몸을 심하게 괴롭히고 이곳저곳으로 밀어붙이며 혹사한다. 주일 학교의 존경받는 특성들의 목록이나 다양한 사회 집단의 훌륭한 목표들로 인정된 목록에 이끌리는 것이다. 몸이 하는 말을 충분히 경청하지 않기에 이런 결점들은 언제든 나타날 수 있다. 심지어 포커싱 중에도 발생한다.

당신은 문제에 관한 감각 느낌 전체를 형성하고 핵심을 찾아내어 1~2초 정도 좋은 느낌을 느낄 것이다. 이때 오랫동안 지니고 있던 분석하는 습관이 사라질 수도 있다. 당신은 자아가 하는 말을 들을 것이다.

"확실히 나는 이것이 무엇인지 알아. 그건 틀림없이……."

당신이 '그건 틀림없이……'라는 문구를 들을 때마다 무시해 버려라. 당신은 자신에게 무엇이 잘못되었는지 말해 주려고 하지만, 단지 살아가며 대부분의 사람들이 하는 행동을 그대로 따르는 것이다. 내면 행동에 있어서는 '말하기'보다 '질문하기'가 더 중요하다는 사실을 명심해야 한다. 자신에게는 아무 말도 하지 말라. 그저 질문하고, 기다리고, 몸이 알아서 대답하게 내버려 두라.

포커싱이 당신에게 주는 보상인 효율성은 연습을 통해 향상될 수 있다. 마침내 우리는 문제 해결 규칙에 대해 당신이 의식적으로 생각할 필요가 없는 단계까지 왔다. 아울러 6단계 연습인 포커싱 과정을 생각할 필요도 없을 것이다. 또한 포커싱은 일상에서 걷기와 마찬가지로 당신에게는 쉽고 자연스러운 행동이 될 것이다.

만일 당신이 원한다면 일상생활의 일부가 될 것이다. 당신은 스트레스를 받을 때뿐 아니라 모든 삶의 문제를 해결하는 하나의 방편으로 포커싱을 활용하는 자신을 발견할 것이다. 몸의 안내를 믿는 법을 익히도록 하라.

**PART
3**

서로 돕는 사람들

타인의 풍요로움을 발견하기

당신은 얼마나 많은 사람들을 알고 있는가? 당신의 남편이나 아내? 가장 친한 친구? 부모? 당신은 심지어 가까운 사람들조차도 제대로 알지 못할 것이다. 물론 당신은 특정한 상황에서 보이는 그들의 행동 방식은 알고 있다. 그들이 항상 하는 말과 특정 상황에서 주로 하는 말을 잘 알고 있다. 그들과 함께 있다면 당신은 아마도 다음 대화를 예측하거나 대화 주제를 예상할 수도 있을 것이다. 당신의 예상은 거의 적중하지만, 그렇다고 그들의 내면적인 경험까지 열려 있는 것은 아니다.

누가 진정으로 당신을 이해하고 있는가? 누가 당신의 느낌을 듣고 싶어 하는가? 대부분의 사람들은 "아무도 없다"고 말한다. 일부 사람들 중에는 다음처럼 말하는 경우도 있다.

"누군가 내 말을 듣고 싶어 했지만, 그는 나를 진정으로 이해할 수 없어."

매우 극소수의 사람들만이 자신의 내면적인 경험을 공유할 누군가를 가진다. 그럼에도 그들이 공개하는 수준은 매우 제한적이다. 심지어 자신에게도 물어보아야 한다.

　"당신은 어두운 곳에 홀로 남겨져 본 적이 있는가?"

　"알지도 못하면서 왜 당신은 그들을 두려워하는가?"

　"당신은 어떻게 그들을 조사할 것인가?"

　널리 알려지지 않았거나 보지 못했다는 것은 우리에게 다소 비현실적인 느낌으로 다가온다. 마치 우리가 자신에게 관심을 가지기는 하지만 그다지 큰 관심은 없는 것과 같다. 경청과 포커싱이 공유된다면 과거 몇 년이 걸리던 것과는 달리, 단 몇 시간 만에 사람들이 서로를 좀 더 깊게 알게 된다는 사실을 우리는 발견했다.

　인간에게는 서로 간의 접촉이 필요하다. 타인에 비해 우리가 다르다는 점을 감지하는 것도 접촉을 통한다. 타인들이 우리를 느끼는 것도 같은 맥락이다. 서로를 진정으로 알지 못하는 상태에서의 접촉은 제한적이다. 우리는 따스한 온기를 바라며 모여들고 약간의 위안을 얻을 수는 있다. 하지만 우리가 함께 모여 있을 때조차 지나친 사생활은 고립을 강조한다.

　서로를 정확히 보고 알기 위해서는 포커싱과 경청하는 마음이 동반되어야만 한다. 자신에 대해서도 내면적인 경험이 열려 있어야 한다. 만일 열리지 않으면 서로를 볼 수도, 공유할 수도 없다. 오로지 자신이 보유한 말할 수 없는 절반의 존재 안에서만 갇혀 지내야 한다.

대부분의 사람들은 자신의 내면적인 풍요로움을 표현하지 않고 살아간다. 사람들의 행동 중 많은 부분은 정형화된 일과, 즉 '역할'이다. 가끔씩 자신들의 역할 속에서 살아가지만, 그렇지 않은 경우가 더 많다. 사람들은 대체로 스스로를 낮추고, 자신들의 생각은 접어 두며, 장시간 숨을 참으며 살아야 한다. 많은 사람들에게 '나중에'라는 말은 큰 의미가 없다. 그들의 내면적 자아는 거의 사라진 모습이 되었다. 그들은 내면에 자신들에 대한 무언가가 존재하는지 궁금해한다.

심지어 우리가 인간관계를 형성할 때도 좀 더 많은 역할과 틀에 박힌 행동들이 넘치는 것과 같다. 관계가 깨지면 우리는 외롭게 혼자 사는 상황으로 돌아가야 해서 기진맥진하고 파괴된 느낌을 받는다. 우리의 인간관계가 좋아도 조용히 침묵 속에서 삶의 많은 부분이 존재한다. 그저 자동차를 운전하며 "와, 저 간판 좀 봐"라고 말하는 것이 전부이다.

그렇다고 '마음을 여는' 횟수가 많을수록 좋은 것도 아니다. 대개 이것은 반복적으로 표현된 찢어지고 고통스러운 느낌과 같은 문제이다. 두 사람이 아주 가깝게 지내면 해를 거듭할수록 똑같은 느낌을 가지는 경향이 있다. 따라서 '터놓고 말한다'는 말은 똑같은 공간에서 한결같이 틀에 박힌 말을 하고 듣는다는 의미와도 같다.

앞으로 포커싱과 경청을 통해 닫히고 고립된 관계에 도움을 줄 수 있는 몇 가지 방법을 소개할까 한다. 처음에는 당신과 가장 친한 사람이 아닌 다른 누군가와 함께 여기에 제시한 단계들을 시도해 보라. 당신에게 가장 중요한 사람이 아니라면 접촉과 깊이에 대한 경험을 통해 보다 쉽게 알아 갈 것이다.

당신은 분명 그들의 내면적 현실에서 인간을 더 경험하고 싶어 한다. 역으로 당신은 자신의 모습 그대로 타인에게 보이고 받아들여지고 감지되기를 바란다. 우리 모두는 문제가 되는 것은 공유하지 않는 편이 최선이라고 생각한다는 사실을 알고 있다. 우리가 뭔가 재미있는 일을 경험하여 그들에게 말한다면 둔한 행동으로 보일 것이다. 우리가 비밀을 가지고 있다면 그들로부터 안전하게 보호하고, 안전한 내면에 간직하며, 말로 표현하지 않을 것이다. 그렇게 하면 찌그러지지도 않을 것이고, 우리에 대해 가진 모든 의미를 잃어버리는 일도 없을 것이다.

그러나 운이 좋다면 당신은 반대되는 사람을 알 수도 있다. 당신이 그에게 뭔가 흥미로운 일에 관하여 말한다면 보다 재미있어진다. 흥미를 끄는 굉장한 내용이라면 그와의 대화를 통해 더 부풀려질 것이다. 당신은 좀 더 자세하게 몰입하여 이야기할 것이다. 혼자일 때보다는 모든 구성 요소들이 가진 풍부함을 더 많이 깨달을 것이다. 당신의 문제가 무엇에 관한 것이든 그와 대화를 나눌 때까지 잘 간직해 둘 것이다.

포커싱과 경청은 자신의 경험을 확장해 주는 사람과 대화하는 것과 같다. 포커싱에 있어서는 당신도 내면적 자아에게 그와 같은 사람이 되어야 한다. 또한 당신은 타인들에게도 그런 사람이 될 수 있다. 그렇게 되면 그들에게도 당신과 똑같은 사람이 되는 법을 알려 주는 셈이 된다.

혼자서 포커싱하기를 선호하더라도 누군가 다른 사람과 함께 해 보라. 포커싱을 하는 동안이나 포커싱이 끝난 후 당신의 말을 경청해 줄 친구를 원한다고 가정해 보자. 그럼 당신은 한 사람의 청자로서 친구가 포커싱하는 것을 도와줄 것이다. 당신의 느낌이 어떤지 알아보기 위해 친구를 만나기 전에 포커싱하기를 더 선호하게 된다. 심각하게 여겼던 개인적 문제를 말하는 것과 관련해서도, 관계가 가깝고 쉽게 느껴진다면 아마도 당신은 다음처럼 말할지도 모른다.

"방금 이 책을 다 읽었는데, 개인 문제를 해결하는 방법에 관한 내용이야. 내가 보기에는 꽤 괜찮아. 책에 이런 말이 있어. '혼자 하기보다는 다른 누군가와 함께 하는 것이 더 쉽다.' 다음 1시간은 둘로 나누어 보면 어떨까. 반은 너를 위해, 나머지 반은 나를 위해. 내 생각에는 우리가 함께 해 보는 것도 나쁘지 않을 것 같아. 내가 알아낸 또 하나가 있어. 대부분의 다른 사람들에게는 나에 관한 사적인 이야기를 하기가 정말 두렵거든. 그런데 너에게만큼은 그렇지 않아. 그래서 지금 함께 하자고 부탁하는 거야."

당신은 이와 같은 일의 대부분이 조용하게 이루어진다는 사실도 깨달을 것이다. 사람들이 자신들에 대해 말하고 싶어 하는 만큼 당신도 그들의 사적인 부분을 듣고 싶어 한다는 점을 설명해 주는 것이 중요한 대목이다. 포커싱을 통해 자신이 느낀 바를 말로 표현하는 누구든 책임을 공감해야 한다. 보통은 포커서에게 느낌이 발현되는 동안 청자는 조용히 기다린다. 포커싱 과정을 친구에게 이처럼 설명해 준다면 그도 크게 어렵게 느끼지는 않을 것이다.

주위 사람들이 계획 없이 즉석에서 5분 정도 당신에게 주의를 기울이게 한다. 그동안 아무 말도 하지 않고 그저 지켜봐 달라고 요청하는 것도 괜찮은 방법이다. 당신이 포커싱을 실행하고 전환이 나타나면 잠시 기다렸다가 자신에게 떠오른 일반적인 사항들을 말한다.

"나는 나쁜 느낌을 가지고 있었어. 지금은 어느 정도 가라앉는 느낌이고. 이제는 문제가 뭐였는지 알 것 같아."

그런 후 1분 정도 조용히 있는다. 적절한 정지점에 다다를 때까지 포커싱을 계속 진행한다. 그리고는 자세를 바로 하고 친구에게 혼자 있을 때보다 포커싱이 더 쉽게 잘된다고 말해 준다(단 실제로 그렇게 느꼈을 경우에만). 반대로 당신이 들어 주는 동안 포커싱을 해 볼 생각이 없는지 친구에게 물어본다. 놀라운 사실은, 비록 포커서와 청자가 전혀 아무 말도 하지 않더라도, 혼자 있을 때보다는 함께 있을 때 포커싱이 더 쉽게 이루어진다는 점이다.

보통 나는 포커싱하는 동안 내게 주의를 기울여 달라고 요청할 때, 내가 말을 많이 하지는 않을 거라고 설명했다. 나는 그래도 괜찮은지를 상대에게 물어보았다. 상대는 "오……"라고 말하고는 돌아앉아 바로 신문이나 책을 주워 들었다. 비록 내가 이야기로 그들을 즐겁게 해 주지는 못하지만, 지금 나에게 주의를 기울여 주는 것이 필요하다고 말하는 것이다.

처음에 그들은 정말로 내게 도움이 되는지, 내가 정말로 원하는지 믿기 어려워했다. 하지만 포커싱하는 법을 알고 있는 사람들은 누구나 '이상한 사실'을 알고 있으며, 관심을 주거나 받는 것 모두 기쁘게 받아들인다. 이것은 일상생활에서 흔히 일어나는 '교환'처럼 아주 자연스럽게 발생한다.

"기분이 나쁘고 짜증이 나요. 오늘 밤 제게 할 일이 있지만, 별로 하고 싶지는 않습니다. 시작할 수조차 없어요."

"좋아요. 그것이 있는 곳까지 내려가서 무엇인지 살펴볼 수 있나요?"

"잠시 그렇게 해도 괜찮을까요?"

"네, 괜찮아요."

"좋아요".

그가 포커싱하는 동안 오랜 침묵이 흘렀다.

" 휴……, 기분이 나아졌어요. 이제 무엇인지 알겠습니다."

"지금 괜찮아요? 아니면 아직 완전히 끝내지는 못했나요?"

"지금은 일을 시작해도 괜찮을 것 같아요. 고맙습니다. 당신은 어때요?"

이런 교환이 실제로 시카고와 뉴욕 사이의 장거리 통화로 이루어졌다는 사실이 믿기지 않을 것이다. 두 사람 중 누구도 포커싱을 위한 침묵의 시간까지 포함한 모든 과정이 단지 장거리 전화로 5분밖에 걸리지 않았다는 점을 조금도 이상하게 생각하지 않았다.

위의 사례에서는 한 사람이 포커싱을 실행하는 동안 서로 아무 말도 하지 않았다. 그러나 반드시 그럴 필요는 없다. 우리가 이미 앞에서 살펴본 바와 같이, 대체로 대화가 계속 진행되더라도, 비로소 사람들이 자신에 대해 말하기 시작하는 것은 고요하게 포커싱을 실행하기 전과 후이다.

지금부터는 훌륭한 청자가 되는 법을 논의해 보자. 간단해 보이지만, 실제로 잘 듣는 사람들은 별로 없다. 이런 판단에는 대부분의 심리 치료사, 사회 복지사, 교사, 직업 상담원 및 기타 다른 사람의 말을 잘 경청해야 하는 직업을 가진 사람들의 사례가 포함되어 있다. 나는 전문 직업인은 물론이고 경청이 직업이 아닌 일반 사람들도 다음 장에서 이어지는 '경청 매뉴얼'을 읽어 보고 제대로 공부하기를 희망한다.

당신은 다른 사람들과 함께 이 글과 포커싱 메뉴얼을 소리 내어 크게 읽어 보면 많은 도움이 된다는 사실을 알게 될 것이다. 비록 내가 매뉴얼을 만들었지만, 누군가가 읽어 주면 나에게도 여전히 도움이 된다.

경청 매뉴얼

여기서는 다양한 시간대에 다양한 목적으로 활용되는 네 가지 지침을 논의하고자 한다. 어떤 일이든 다른 사람에게 강요하기 전에 우선 자신부터 확실히 유능한 사람이 되어야 한다. 일단 매뉴얼을 체득하고 난 후 사람을 다루는 방식의 중요한 부분으로 받아들인다. 그러면 당신은 사람에 따라 다른 적절한 상황에서 제대로 활용할 수 있을 것이다.

첫 번째 도움 유형 :
대화 중에도 다른 사람의 포커싱을 돕기

완벽한 경청

경청만을 위한 시간을 따로 정해 두고 당신이 지키는지 아닌지만 보여 준다면, 놀라운 사실을 알게 될 것이다. 사람들은 평소 일상적인 교환이 이루어질 때보다 더 많은 말을 당신에게 하고, 자신들의 내면적 자아도 더 많이 발견할 것이다.

"네", "알겠습니다", "맞아요, 당신 기분이 어떤지 확실히 알겠어요", "제대로 못 알아들었습니다. 다시 한 번 말씀해 주시겠어요?" 같은 표현을 사용하기만 해도 당신은 내면의 깊은 과정들이 공개되는 것을 목격할 것이다.

일반적인 사회적 교환에서 우리는 서로의 아주 깊은 내면까지는 거의 들여다보지 않는다. 그런 이유로 우리의 충고, 반응, 격려, 확신, 기타 선의의 말들은 실제로 자신들의 마음을 누군가 이해하고 헤아려 준다는 느낌을 사람들이 가지지 못하게 막는다. 아무 말 없이 그저 다른 사람들의 말을 조심스레 경청하다 보면 당신은 놀라게 될 것이다.

또한 경청할 때와 그러지 않을 때의 확실한 느낌을 화자에게 전하라. 그러면 당신은 즉시 훌륭한 청자가 될 것이다. 진실된 모습을 보여야 하고, 청자의 말을 놓쳤으면 솔직하게 말해야 한다("다른 표현으로 말씀해 주시겠습니까? 무슨 뜻인지 이해가 안 가는군요").

청자인 당신이 이해한 만큼 다른 사람들의 핵심 요점들을 차근차근 답해 준다면 훨씬 많은 도움이 될 것이다. 나는 그것을 '완벽한 경청'이라고 부른다. 다른 사람이 말하지 않은 주제를 가져와서는 안 된다. 당신의 해석을 강요하거나 생각을 섞어도 안 된다.

경청하는 동안 말하는 두 가지 이유가 있다. 하나는 다른 사람이 했던 말과 의미를 활용하여 대답함으로써 당신이 정확하게 이해하고 있다는 점을 보여 주기 위함이다. 다른 하나는 반복과 명확한 설명을 요구하기 위함이다.

정확하게 이해했음을 보여 주는 방법

화자가 전달하고자 했던 개인적인 의미를 나타내는 1~2개의 문장을 만들라. 일반적으로 당신의 말로 표현되지만, 민감하고 주된 의미를 위해서라면 화자의 말을 인용한다.

사람들은 당신의 말을 들을 필요가 있다. 그들은 당신이 각 단계별로 이해한 것을 들어야 한다. 그들이 말하는 모든 핵심적인 내용, 전달하려 한 각각의 내용에 맞는 1~2개의 문장을 만들라(보통 화자가 말하는 5~10개의 문장마다 행해진다). 사람들이 '단순히 말만 하게' 해서는 안 된다. 좋든 나쁘든 발화 내용은 매번 그들의 느낌과 연관되어 있어야 한다. 그렇다고 그대로 고정하거나, 바꾸거나, 개선하려고 해서도 안 된다. 정확히 화자가 의미하고 느끼는 방식으로 주제에 대한 핵심을 이해하려고 노력하라.

가끔 사람들이 말하는 내용이 아주 복잡할 때도 있다. 당신은 그들이 말하는 바가 무엇인지, 그들에게 어떤 의미인지를 한꺼번에 이해할 수는 없다. 우선 그들이 말하는 내용의 핵심에 관해 1~2개의 문장으로 만들라. 그것이 정확한지 확인해 보고, 화자들이 원한다면 수정하거나 내용을 추가하라. 당신이 제대로 이해하고 있다고 그들이 생각할 때까지 수정하고 추가한 내용을 받아들이고 반응을 보여 주라. 그 후 그것이 그들에게 의미하는 바와 그들의 느낌을 전달하기 위한 또 다른 문장 하나를 추가로 만들라.

사례가 하나 있다. 한 여성이 당신에게 말하고 있다고 가정해 보자. 다른 사람들이 그 여성을 무시하기 위해 저질렀던 몇 가지 복잡한 사건들과 관련해 무슨 일을 언제 어떻게 행했는지가 주된 내용이다.

우선 당신은 그녀가 본 대로 말한 내용의 핵심을 말로 나타내기 위해 하나 이상의 문장을 말할 것이다. 그녀는 정확성을 기하기 위해 당신이 말한 내용의 일부를 수정할 것이다. 그때 당신은 그녀가 수정한 내용과 관련해서 다음처럼 대답해 준다.

"아, 모두가 그렇게 행동하진 않았지만, 동의했다고 볼 수 있습니다."

그녀가 몇 마디 덧붙인다. 당신은 또다시 받아들이고 대략적으로 그녀가 말한 내용을 다시 말해 준다. 그녀가 말한 내용을 제대로 이해하고 있으면, 당신은 전체적인 맥락이 보유한 개인적인 의미나 느낌에 대한 또 다른 문장을 만들어 지적해 줄 수 있다.

"그게 정말 나쁜 점은 당신이 무시당한다고 느끼도록 만들었다는 것입니다."

이런 경우 반복이나 설명을 요청하는 방식이 있다. 하지만 "나는 전혀 이해하지 못했어요"라고 말해서는 안 된다. 의미가 매우 모호하거나 아직 첫머리에 불과하더라도 당신이 이해한 아주 작은 부분을 받아들이고, 그보다 많은 정보를 요청하기 위해서만 활용한다.

"당신에게 중요하다는 사실은 알겠습니다. 하지만 정확한 의미가 무엇인지 아직 와 닿지 않는군요⋯⋯."

상대가 말하려는 내용을 확실히 이해했다고 느껴지지 않는 부분은 말을 많이 해서는 안 된다. 그는 당신이 했던 말이 적절하지 않은 이유를 설명하느라 많은 시간을 허비할 것이다. 대신 당신이 들은 내용 중 확실히 알고 있는 부분을 다시 말해 주면서 확인한다. 나머지 부분은 다시 반복해 달라고 요청한다.

그가 당신에게 하는 말에 조금씩 천천히 대답해 나가라. 그러나 당신이 받아들이고 대답할 수 있는 것보다 많은 말을 하게 해서는 안 된다. 그럴 경우에는 이야기를 중단시키고 대답해 준 다음 다시 이야기를 계속 진행해 나가도록 한다.

자신들의 문제에서 더 나아가려 할 때가 언제인지는 당신도 알고 있다.

"아니요. 그건 그렇지 않아요. 그건 좀 더⋯⋯. 음⋯⋯."

누군가 이렇게 말하고는 실질적인 느낌을 확인하기 위해 보다 깊은 내면을 느끼려고 시도한다면, 당신은 자기 역할을 잘하고 있는 중이다. 비록 당신의 말이 그가 좀 전에 했던 말의 의미에 매우 가까이 근접했더라도 틀렸거나, 틀린 것처럼 들릴 수도 있다. 그러나 당신의 말로 인해 그는 자신의 문제를 보다 깊이 느끼게 된다. 결국 당신의 말로 인한 결과가 옳았다는 것이다. 그때 그가 어떤 말을 하더라도 받아들이고 대답해 줘라. 이것이 한 걸음 더 나아간 모습이다.

아니면 그는 지금까지 당신이 했던 말에 만족하며 조용히 앉아 있을 것이다.

아니면 그는 당신에게 해방감과 긴장이 풀린 편안함을 보여 줄 것이다.

"그렇군요. 그게 바로 문제의 본래 모습이에요."

그는 문제에 대한 전체적인 느낌을 보여 주고 숨을 깊게 들이마셨다가 내쉴 것이다. 이런 순간들이 가끔씩 나타나면 다음에는 그 이상의 새로운 단계들이 나타난다.

당신은 자신의 말을 타인이 제대로 이해해 주면 찾아오는 이완감의 묘한 징후들을 보고 잘 진행되고 있다고 말할지도 모른다. 그것은 우리 모두가 타인에게 무언가를 계속해서 말하려고 애쓰다가, 마침내 그가 본래의 취지를 이해하게 되어 더 이상 말할 필요가 없다는 느낌이다.

자신의 생각이나 생각의 일부에 구체적인 밑그림을 그릴 때는 갈등을 느끼고 숨을 참게 된다. 이런 모습은 몇 가지 교환이 이루질 때도 나타난다. 마침내 핵심을 말하게 되고, 사람들이 정확하게 이해하고 대답하면 숨을 내쉴 때의 느낌처럼 긴장이 풀린 느슨함이 찾아온다. 그는 자신이 말했던 사실에 대해서는 더 이상 몸에 지니고 있을 필요가 없다. 그때 더 깊은 무언가가 찾아온다.

(실제로는 1분 정도지만 길게 느껴지는 시간 동안 찾아오는 고요함을 받아들이는 것은 중요하다. 지금 포커서는 또 다른 뭔가가 생겨나게 만드는 내면의 평화를 가지고 있다. 필요 없는 말을 하여 평화를 깨뜨리지 말라.)

당신이 잘못하고 있는 것을 아는 방법과 대처법

거의 같은 말이 반복된다면 화자가 아직도 당신이 완전히 이해하고 있지 못하다고 느끼고 있다는 의미이다. 당신이 하는 말과는 사뭇 다른 포커서들의 말을 한번 살펴보자. 만일 아무런 차이를 느끼지 못하겠다면 다시 말해 보고 다음의 말을 반복해 본다.

"하지만 그게 전부는 아니거나, 어떤 면에서는 정확한 게 아니잖아요?"

당신이 대답할 때 포커서의 얼굴에도 팽팽한 긴장감과 혼란스러움이 나타난다. 포커서가 당신이 하는 말을 이해하려고 노력하고 있다는 것이다. 당신이 지금 잘못하고 있어서 어떤 말을 추가하려 애쓰거나 이해하지 못한 상태로 남는다면, 당신의 행동을 멈추고 그에게 어떻게 된 일인지 다시 한 번 말해 달라고 요청한다.

만일 포커서가 주제를 바꾼다면(특히 의미가 약하거나 보다 사적이지 않은 주제로), 자신의 보다 개인적인 문제를 이해시키기를 포기했다는 의미이다. 당신은 중단시키고 다음처럼 말할 수 있다.

"나는 여전히 당신이 했던 말에 관심을 가지고 듣고 있어요…….내가 제대로 이해하지 못했다는 것도 알지만, 나는 그 일을 이해하고 싶어요."

그다음 당신이 확실하게 이해한 부분을 말해 주고 거기에서 다시 진행해 달라고 요청한다. 당신은 조만간 그의 말을 이해할 것이다. 언제 이해할지는 중요하지 않다. 세 번이나 네 번의 시도만에 이해할 수도 있다.

추가하거나 다듬지 않고 다른 사람이 스스로 얻은 이해만큼 조금씩 정확하게 받아들이거나 노력하면, 사람들은 자신들의 최고의 느낌 속으로 더욱 들어갈 수 있다. 또한 시간이 좀 지난 후 인지하기가 쉬워지는 '중심성'도 생긴다. 선로를 달리는 기차처럼 스스로 경로를 벗어났을 때는 파악하기가 쉽다. 모든 것이 멈춘다. 그런 일이 일어나면 단단한 선로 내부의 마지막 지점으로 다시 돌아가 거기에서 다시 시작하도록 요청한다.

매력 없고 볼품없는 자질을 가진 누군가를 받아들이기가 쉽지 않다고 느껴지는가. 그가 내면에 있는 그런 자질들에 대항하여 맞서고 있다고 생각해 보라. 일반적으로 내면에서 자신의 그러한 자질들과 고군분투하며 맞서 싸우는 사람을 받아들이기는 쉽다. 이야기를 듣다 보면 당신은 그가 어떤 사람인지 알게 될 것이다.

맨 처음 경청하는 연습을 할 때는 반드시 사람들이 말하는 단어 그대로를 반복해서 말하는 연습을 해야 한다. 다른 말을 덧붙이거나 수정하거나 일부러 해석하지 않고 그가 말하는 바를 있는 그대로 이해하고 받아들이기가 얼마나 어려운지 이해하도록 도와줄 것이다. 당신이 그렇게 할 수 있으면 비로소 핵심과 문제점, 느낌 단어를 짚어 준다.

보다 쉽게 하기 위해 잠시 동안 멈추고 당신의 복잡한 느낌과 긴장, 기대를 느껴 보라. 그리고 이 공간을 깨끗이 치워라. 이 열린 공간에서 당신은 진정으로 경청할 수 있다. 당신은 정신이 맑아지며 약간의 흥분도 느낄 것이다. 아무 이유 없이 존재하는 이 기다림의 공간에서 사람들이 하는 말을 받아들이는 것 말고 무슨 일을 할 수 있겠는가?

누군가 다른 사람에게서 그런 공간을 제공받기란 극히 드물다. 사람들이 타인의 말을 진정으로 들어 주기 위해 자신의 내면에 타인을 위한 공간을 마련하는 경우는 거의 없다.

감각 느낌 형성을 돕기

대화 사이의 짧은 시간 동안에도 포커싱이 가능하다. 중심 내용을 만들고 상대를 이해시키는 중에도 다음 말을 하기 전의 짧은 시간 동안 포커싱을 시행할 수 있다. 대부분의 사람들은 그렇게 하지 않는다. 오로지 대화를 하면서 중심 내용을 옮겨 다닐 뿐이다. 그렇다면 어떻게 사람들이 말을 멈추고 자신들이 방금 말한 내용에 대한 감각 느낌을 가지도록 도와줄 수 있을까?

이것이 바로 포커싱의 두 번째 활동이다. 감각 느낌을 찾는다는 것은 자신에게 "그거, 바로 거기 있었어. 그게 혼란스럽게 했던 원인이군"이라고 말하고는 그곳에서 느끼는 것이다.

포커서는 감각 느낌이 형성될 수 있도록 외면적이든 내면적이든 고요함을 유지해야 한다. 이를 위해서는 약 1분 정도의 시간이 소요된다. 어떤 사람들은 겉으로 발화를 하든, 아니면 내면의 자신에게든 항상 말을 한다. 그렇게 되면 어떠한 직접적인 느낌도 형성되지 않는다. 모든 것이 혼란과 긴장으로 점철된 고통스러운 덩어리로 머무르게 된다.

감각 느낌이 형성될 때 포커서는 안도감을 느낀다. 마치 모든 나쁜 느낌들이 한곳으로 포커싱되어, 바로 그곳에서 몸의 나머지 부분들이 더 큰 자유로움을 만끽하는 것과 같다.

일단 감각 느낌이 형성되면 사람들은 감각 느낌과 관계를 맺을 수 있다. 그 내면에 무엇이 존재하는지 궁금해하고, 감각 느낌의 주변과 내면을 느낄 수 있게 된다.

사람들이 스스로 명확하게 말할 수 있는 모든 것을 말했을 때이다. 그곳에서 혼란스러움이나 답답하게 미해결된 문제들이 나온다. 그들은 계속해서 진행해 나갈 방법을 알지 못한다.

당신이 더욱더 나아갈 수 있다고 느끼는 확실한 지점이 있을 때이다.

주제에 대한 자신들의 느낌으로 절대 내려가지 않고 주변만 맴돌며 이야기할 때이다. 사람들은 보통 명백하게 개인적이고 중요한 주제로 이야기를 시작한 다음에 다른 주제로 넘어간다. 그러나 그들은 당신에게 의미 있고 중요한 말은 하지 않으며, 그러고 싶어 하지도 않는다. 이러한 매우 일상적인 상황에서 당신은 포커서가 잠시 중단하도록 시키고 다정하게 느낌의 깊은 수준으로 내려가는 방법을 알려 줄 수 있다.

포커서 : 저는 카렌이 병원에서 돌아온 이후 그녀를 돌보는 일 말고는 아무 일도 하지 않았습니다. 저는 자신과 함께 있어 본 적이 없어요. 지금 시간이 있으니 밖으로 뛰쳐나가 일상적인 일 중 다른 것도 해 보고 싶어요.

청자 : 오랫동안 자신과 함께 지낼 수 없었다면 지금 시간이 있다고 해도 그렇게 할 수 없을 거예요.

포커서 : 그녀에게는 이것저것 필요한 것이 많아요. 제가 아무리

노력해도 항상 부족하지요. 그녀의 가족들도 모두 다 그렇습니다. 그래서 화가 납니다. 그녀의 아버지가 아팠을 때도 똑같았어요. 그것도 몇 년 동안이나 그랬지요. 두 사람 모두 항상 부정적이고 짜증 내고 서로를 싫어합니다.

청자 : 그녀가 하는 방식과 그녀의 가족들이 하는 방식이 당신을 화나게 만드는군요.

포커서: 네, 맞아요. 저는 화가 나요. 빌어먹을, 정말로 맞는 말이에요. 정말 나쁜 분위기예요. 저는 정말 안 좋은 분위기 속에서 살아가고 있어요. 늘 암울한 분위기이고, 항상 무언가를 싫어해요. 며칠 전에 제가……

청자(중단) : 잠시만요. 당신의 화난 느낌과 1분 정도 함께 있어 보세요. 단지 1분 동안 느껴 보세요. 그 속에 무언가 다른 것이 있는지 살펴보세요. 아무것도 생각하시지 말고…….”

감각 느낌 형성을 돕는 방법

감각 느낌에 접속할 필요가 있는 사람들을 얼마나 도울지는 단계적인 차이가 난다. 우선 최소한으로 도움을 주되, 효과가 없으면 좀 더 많은 도움을 준다.

어떤 사람들은 당신이 자발적으로 조용히 지켜봐 주는 것 말고는 아무 도움도 필요로 하지 않는다. 당신이 계속 말을 하거나, 방해하거나, 주제에서 벗어나지 않는다면 그들은 느껴야 할 것을 느낄 것이다. 최소 1분 동안은 그들의 고요함을 방해해서는 안 된다. 일단 당신이 응답을 했고, 당신이 했던 말이 확인되었고, 도움이 정확히 들어맞게 주어졌다면 그냥 조용히 있는다.

그는 감각 느낌이 형성될 수 있는 잠시 동안의 멈춤을 만들기 위해 당신에게서 한두 문장만을 필요로 할 것이다. 그 문장은 단순히 당신이 이미 말한 내용에서 중요한 마지막 단어나 문구를 천천히 반복하는 것일 수도 있다. 단지 그 부분만을 다시 한 번 지적하는 것이다. 예를 들어, 앞의 사례에서 당신은 '정말로 화가 났다'고 천천히 단호하게 말했을지도 모른다. 그럼 당신은 조용히 기다리면 된다. 화가 나는 모든 것과 관련된 그의 전체적인 감각이 형성될 것이다.

그들이 감각 느낌을 찾도록 도움을 주기 위해 시도한 후 핵심을 다시 말하라. 당신이 필요로 느끼는 더 오랜 시간 동안의 고요함이 즉시 만들어지지 못한다고 염려하지 말라. 그것은 곧 다시 시도할 수 있다. 심지어 포커서가 잠시 경로를 벗어났더라도 그에게 나타나는 무엇이든 동조해 준다.

여러 차례의 시도에도 사람들이 여전히 아무것도 느끼지 못한다면, 당신은 보다 직접적으로 포커싱하는 방법을 알려 줄 수 있다. "1분 정도 자신의 내면과 함께하면서 더 깊은 것을 느껴 보세요"라고 정확하게 일러 준다. 당신은 사람들에게 포커싱하는 법의 전부나 일부를 알려 줄 수 있다.

사람들을 위해 질문을 만들 수도 있다. 사람들에게 자신의 내면에게 질문하되, 머리가 아닌 내부의 신체(위, 내장 등의 장기)에게 물어보라고 하라.

"고요하게 있으세요. 말로는 대답하지 마세요. 당신의 느낌에서 무언가가 나타날 때까지 질문을 가지고 기다리세요."

일반적으로 다음 질문들은 확장 가능한 최고의 질문이다.

"이것은 정말로 무엇인가?"

"무엇 때문에 그것은 지금 존재하는 방식대로 계속 유지될 수 있는가?"

질문의 또 다른 유형은 '전체적인 것'에 적용될 수 있다.

"이러한 전체적인 모습에서 내가 진정으로 신경이 쓰이고 마음을 놓을 수 없는 곳은 어디인가?"

모든 것이 혼란스럽고, 포커서들이 시작하는 법을 몰라서 애를 먹을 때 이 질문들을 활용해 보라. 만일 포커서가 감각 느낌의 형성을 느꼈지만 여전히 갇혀 있는 경우 다음처럼 물어보면 도움이 될 것이다.

"모두 괜찮다면 그것은 어떻게 달라질까요? 도대체 어떤 모습이 되어야 할까요?"

그에게 잠시 동안 이상적인 상태를 느껴 보고 '무엇이 지금 방해가 되는가?'라고 물어보게 하라. 포커서는 자신의 질문에 대답해서는 안 되지만, 무엇이 방해가 되는지는 느껴야만 한다.

이 방식들을 적용해 보기 위해서는 외부적이든 내부적이든 포커서가 말하던 것을 모두 멈추어야 한다. 그곳에 존재하는 것이 스스로 행동하는 대신 밖으로 드러나야 한다.

단지 "내 인생에서 여전히 혼란스러운 곳은 어디인가요?"라고 물어보라. 당신이 단어로 대답하지 않는다면 이 질문은 문제에 대한 감각 느낌을 빠르게 줄 것이다.

또 다른 접근 방법도 있다. 포커서가 했던 말들이 하나의 생각으로 합쳐진다고 느껴지면 그중 가장 중요한 두세 가지를 고른다. 그리고 포커서에게 말해 준다.

"내가 무슨 말을 하려 할 때는 나에게도, 당신 자신에게도 어떠한 말도 하지 마세요. 단지 그곳에 나타나는 것을 느끼세요."

이때는 각각 한두 단어로 된 두세 가지만 말해 준다.

이 방법들은 누군가가 사적이거나 고통스러운 말을 하고 싶지 않을 때 도움을 줄 수 있다. 포커서는 당신에게 실제로 무엇인지 밝히지 않은 채 문제에만 포커싱할 수 있다. 당신은 문제를 알지 못해도 그의 말을 들어 주고 도움을 줄 수 있다. 이렇게 하면 어떤 면에서는 상처를 주거나 혼란을 야기하는 것을 비켜 갈 수 있다.

제대로 작용하지 않을 때 말해 주는 방법

시람들이 당신의 눈을 똑바로 쳐다본다면 아직 자신의 내면에 포커싱하고 있지 않다는 의미이다. 다음과 같이 말해 준다.

"저를 쳐다보고 있는 동안에는 포커싱할 수 없습니다. 당신이 내면으로 들어가는 동안 저는 단지 여기에 앉아 있겠습니다."

당신이 조용히 해 달라고 요청한 후에도 사람들이 말을 한다면 아직 포커싱하고 있지 않다는 의미이다. 우선 그들이 했던 말의 핵심을 다시 짚어 주고, 포커서에게 감각 느낌에 접속하라고 요청한다. 당신이 열심히 노력했음에도 아무런 변화가 일어나지 않는다면 15분 정도 지난 후 다시 시도해 보라.

침묵의 시간이 흐른 후 누군가 설명과 의견을 생각해 낸다면 그 문제에 어떤 느낌이 드는지 물어보라. 그가 분석한다고 해서 비난해서는 안 된다. 그가 하는 말을 이해하고 문제의 감각 느낌에 계속해서 포커싱하도록 한다.

사람들이 침착하지 못하거나 긴장하여, 허탈하거나 낙심하여, 지나치게 열심히 시도하려고 애쓰느라 느낌이 다가오게 할 수 없다고 말하기도 한다. 그러면 그 부분에 포커싱해 보라고 말한다. 그들은 자신에게 이렇게 물어볼 수 있다(물론 대답은 해서는 안 된다).

"이 당황스러운 느낌은 무엇인가?"

"이 긴장된 느낌은 무엇인가?"

"이 허탈감은 무엇인가?"

"지나치게 노력한다는 것은 무슨 의미인가?"

자신이 느낄 수 있는 것보다 많이 이해하거나, 그곳에 있는 것이 말이나 생각으로는 표현이 불가능하거나, 무언가 매우 확실히 경험했지만 명확하진 않거나, 아직 공개되거나 해방되지 않았다고 느껴진다면 감각 느낌을 가지고 있다는 의미이다. 당신은 포커서가 감각 느낌을 가지고 있다는 사실을 알게 될 것이다. 그가 아직 분명하게 언어로 표현되지 않은 것에 맞는 단어를 찾으려고 노력할 때 도움을 주는 말을 해 줄 수 있다.

이런 방식으로 나타나는 것이 무엇이든 환영받아야 한다. 일반적으로 유기체가 가진 능력의 다음 단계에 해당한다. 포커서가 말하는 방식 그대로 받아들이고 대답해 주라.

감각 느낌에서 직접적으로 나온 무언가를 가질 수 있다는 것은 좋은 느낌이다. 그것은 느낌을 전환시키고 조금은 신체를 해방시켜 준다. 비록 자신에게 다가오는 것이 싫더라도 기분은 좋아진다. 말로 표현할 수 없는 무언가가 일어난다면 자신을 격려해 주는 자극제가 된다. 진전된 듯한 느낌을 주며, 갇혀 있던 것을 자유롭게 풀어 준다.

이는 사람들이 느끼는 그대로의 느낌을 경청하고, 응답하고, 언급하는 과정에서 핵심적인 개념이다. 느낌과 문제들이 단지 몸과 관련된 개념이나 견해기 이니라는 점에 바탕을 두고 있다. 따라서 도움을 주는 핵심을 추측하거나 설명하기가 불가능하다. 몸에서 문제가 느껴지는 곳으로 이끌어 주는 몇 단계의 신체적인 과정이 있어야 한다. 느낀 부분에 대해 말한 그대로, 훌륭한 청자가 덧붙이는 말 없이 응답해 줄 때 이 과정이 진행된다. 문제와 느낌이 존재하는 신체적인 감각을 받아들이는 평온함이 주어질 때 느낌의 이동과 변화가 일어나고, 다음 단계로 진행해 나간다.

포커서는 혼자서 할 수도 있지만, 다른 사람이 참석하고 응답해 준다면 강력한 도움이 된다.

두 번째 도움 유형 :
상대방에 관한 당신의 느낌과 반응 활용하기

귀 기울여 듣는 것 이상의 효과를 가진 몇 가지 방법이 있어도 제대로 된 경청이 없다면 더 큰 효과는 기대하기 어렵다. 나는 여러 다른 방법을 시도하는 법을 알려 주겠지만, 기본적으로 경청은 지속해야 한다. 한 번에 한 가지씩 몇 가지 방법을 시도해 본 후 잠시 동안 다시 경청으로 돌아가야 한다.

당신의 반응을 말하는 방법

무슨 말과 행동을 하든 상대의 얼굴을 쳐다보며 당신의 조언이 그에게 어떻게 영향을 미치는지 반응한다. 만일 눈에 보이지 않는다면 그에게 물어보라. 당신의 말이나 행동이 어리석거나 상처를 줄지라도 그의 반응이라면 무엇이든 물어보고 대답해 준다. 그러면 제대로 효과를 발휘할 것이다. 당신의 반응을 말하고 난 후에는 곧바로 경청 모드로 돌아간다.

결론을 내리지 말고 의견을 말하고 질문하라. 당신의 질문이 그들의 생각이 아니라 느낌을 향하게 하라. 사람들을 자신들의 내면으로 안내하여 당신이 말한 무언가를 느끼는지, 아니면 다른 무언가를 느끼는지 살펴보라. 당신은 그들의 느낌이 무엇인지 알지 못한다. 그저 그들이 스스로 물어보게 궁금해하도록 도와주면 된다. 당신은 이렇게 말할 수 있다.

"내가 알고 있다는 말이 아니에요. 직접 느끼고 확인해 보세요. 어떤 모습이고, 어떤 느낌인가요?"

당신이 이런 식으로 말한다면 그는 질문에 답하기 위해 거기에 무엇이 있는지 반드시 느껴야 한다는 점에 주목하라.

당신의 생각이 논쟁이나 주장을 이끌 수 있다고 판단되면 즉시 놓아 버리거나, 직접적인 느낌에 더 깊이 들어가려고 하지 말라. 좋은 생각이라면 두 번 말할 수도 있지만, 이후에는 포기하라. 당신은 나중에 다시 가져올 수 있다(당신이 옳을 수도 있지만, 다른 무언가가 먼저 나올지도 모른다).

전체적인 듣기를 할 때는 시간 연장이 필요하다는 사실을 명심해야 한다. 만일 당신의 생각과 반응을 말하면서 지속적으로 중단시킨다면 기본적인 포커싱 과정은 진행될 수 없을 것이다. 당신이 오로지 듣고만 있으면 10~15분 정도의 시간이 소요된다. 만일 그가 자신의 문제에 느낌을 가지면 말을 좀 더 줄인다. 그가 움직이지 못하고 갇히면 좀 더 말을 많이 하도록 한다.

특정한 방식으로 이동하기를 원하는 것 같으면 그의 과정이 그대로 진행되도록 두라. 당신이 느끼는 다음 단계로 이동하도록 강요해서는 안 된다.

만일 그가 당신이 특정한 방식으로 있기를 원한다면 잠시 그렇게 해 준다. 어떤 사람들은 당신이 좀 더 조용히 있거나, 말을 더 많이 해 주거나, 어떤 확실한 방식으로 함께 행동하기를 요구할 수 있다. 그때는 같이 동참해 준다. 이후에는 언제든 당신이 선호하는 방식으로 되돌아갈 수 있다. 사람들은 자주 자신에게 도움이 되는 방식을 우리에게 가르치려고 한다.

당신이 경로에서 벗어나 혼란스러운 상황에 처해 있다는 사실을 발견하면, 포커서가 당신의 느낌과 마지막으로 접속했던 과정으로 다시 돌아가라. 당신은 이렇게 말할 수 있다.

"당신이 제게 ……라고 말했지요. 거기부터 다시 가죠."

그의 얼굴과 몸 상태를 주시하다가 무언가 변화가 일어나면 물어보라. 비언어적 반응은 사람들에게 감각 느낌을 가지도록 요청하는 훌륭한 신호가 된다. 예를 들어, 포커서는 다음처럼 말할 수 있다.

"그런 일이 있었지만 난 괜찮아요."

그의 말에 당신은 이렇게 반응한다.

"어떤 면에서는 당신이 괜찮다고 느끼겠죠. 근데 저는 톡톡거리는 당신의 발과 표정을 봤어요. 뭔가 괜찮지 않을지도 모르죠, 그렇죠?"

당신이 무언가를 느꼈다면 맞는지 여부에 신경 쓸 필요가 없다. 직접 느꼈고 실제로 존재한다고 해도 당신은 실체를 정확하게 안다고 할 수는 없다. 그에게 물어봐야 한다. 종종 당신의 말이나 행동에 반응하는 포커서의 얼굴을 볼 것이다. 그것에 관해서도 물어보라.

그가 당신이 하는 행동을 싫어한다고 해도 마음을 편히 가져라. 당신이 바꿀 수는 있지만, 그럴 필요가 없을지도 모른다. 당신에게 부정적으로 반응할 여지를 주고, 그의 반응들을 듣고 되돌려 말해준다.

그가 하는 말에 항상 머물러서는 안 된다. 목소리가 화난 것처럼 들리는가? 낙담한 것처럼 들리는가? 아니면 무언가를 강력하게 주장하는 것처럼 들리는가? 목소리가 갑자기 중단되는가? 말하는 어조는 어떠한가? 그에게 물어보라.

"화난 것처럼 들리는군요. 그런가요?"

그렇다고 대답하면 무엇에 관한 화인지 물어보라. 포커서가 더이상 말이 없다면 다시 물어본다.

"무엇에 관한 분노인지 느낄 수 있나요?"

상처받은 내 마음의 소리를 듣는 심리 치유

다른 사람이나 당신을 포함한 두 사람 모두에게 일어나고 있는 일을 보다 명확히 감지하기 위해 당신은 자신의 느낌 반응을 활용할 수 있다. 만일 당신이 지루하고, 짜증스럽고, 참을 수 없고, 당황스럽고, 흥분되고, 눈에 띄는 등 어떠한 방식이든 느낌이 있다면 무언가를 나타내는 것이다. 당신의 내면에 있는 것에 포커싱하라. 당신이 지루함을 느낀다면 그가 무언가 의미 있는 것에 도달하지 못했기 때문이다. 그때 당신은 물어볼 수 있다.

"지금 당신은 자신이 진정으로 원하는 곳으로 가고 있습니까?"

당신은 화가 났는가. 그는 당신이 화가 나도록 무엇을 하고 있는가? 그가 무엇을 하는지 알아냈다면 물어보라.

"당신은 아마도 나를 차단하고 있어요. 나의 도움을 포기했기 때문이죠. 그래요?"

다른 사람과 함께하는 동안에도 당신은 느낌을 가지도록 하라. 당신의 내면에서 일어나는 일을 자유롭게 경청할 수 있다. 그것은 종종 다른 사람이나 당신과 그 사람 사이에 일어나는 일을 가리키기도 한다.

이론적인 추론이나 많은 조언들을 결합하여 누군가의 느낌에 대한 의견을 가졌다면, 그에게 모든 것을 설명하느라 시간을 허비하지 말라. 단지 그에게 당신이 추측한 느낌을 찾을 수 있는지만 물어보라.

당신은 질문을 활용하여 직감이나 의견을 표현할 수 있다. 그것이 결론이 아니라 느낌 자체를 살피라는 초대임을 포커서가 알도록 당신은 가끔 또 다른 가능성을 추가할지도 모른다.

"그것은 당신의 두려움인가요? 아니면 부끄러움인가요? 느낌이 어떤가요?"

도움에 관한 나머지 부분에서는 다른 사람을 돕기 위해 할 수 있는 반응을 소개하려고 한다. 당장 다 읽고 이해할 필요는 없다. 당신이 훌륭한 청자가 되어 보다 많은 아이디어가 필요할 경우 살펴보아도 된다. 아마도 당신은 세 번째 도움 유형으로 이동해도 될 것이다.

변화를 만들어 내는 질문들

(비록 항상 가능하지는 않아도) 포커서의 성생활이 괜찮은지 가끔 물어보는 것은 좋다. 괜찮지 않다면 성적 욕구가 두려움이나 나쁜 것으로 느껴지지는 않았는지 확인해 보면 도움이 된다. 또한 주변 환경을 바꾼다거나, 새로운 지역으로 이동해 가거나, 좋은 성생활을 영위하는 법을 알려 줘도 도움이 된다. (어떤 사람들은 그런 질문들이 지나친 참견이거나 바보 같다고 생각할지도 모른다. 포커서가 질문을 받아들일 의사가 없다면 질문하지 않는 편이 더 낫다.)

삶에 있어 '말도 안 되는' 조건들은 종종 인생 상황과 관련된 경우가 많다. 포커서와 당신의 관계가 사적인 문제를 물어도 충격적이거나 지나친 참견으로 여겨지지 않는다면, 또는 포커서가 대체로 이상하거나 환각적인 일을 이야기하기를 즐긴다면 물어봐도 좋다. 친구나 직장이 있는지, 갈 곳이 있는지, 성적인 상황은 어떤지를 말이다. 당신에게 모든 세부 내용들을 말하든 말든 포커싱을 할 수 있다.

느낌은 내적이고, 관계는 외적이다. 하지만 내적인 것과 외적인 것은 항상 관련되어 있다. 훌륭한 청자는 괴로워하는 포커서가 외적인 면도 변화시킬 방법을 찾는 데 도움을 줄 수 있다. 당신은 사람들이 내면에 대해 다투거나 골머리를 썩이는 '나쁜 일'에 관해 질문할 수 있다.

"그러한 '나쁜 일'이 어떤 면에서는 좋거나, 유용하거나, 합리적일 수 있는가요?"

복잡하고 심오한 질문이다. 당신은 다음과 같이 말하며 앞서갈 수도 있다.

"몸에 있는 나쁜 것이라고 해서 모두가 나쁘지는 않습니다. 만일 거기에 존재한다면 그것은 아마도 우리가 반드시 들어야 하는 약간의 옳거나 유용한 측면을 가질지도 모릅니다. 좋은 면을 발견한다면 그때는 그걸 놓쳐 버릴 수 있을 거예요. 따라서 우호적인 마음으로 경청해야 합니다. 그것이 어떤 말을 하며, 왜 '옳은 측면'인지 살펴보아야 합니다."

핵심은 충분히 오랜 시간 동안 열린 상태로 그것이 존재하기 위해 포커서가 원하지 않는 방식의 싸움을 멈추도록 도와주는 것이다. 그렇게 하면 그 속에 내재된 긍정적인 측면이 겉으로 드러날 것이다.

　종종 힘든 내면 상태가 다른 고통스런 문제로부터 우리를 보호하기도 한다. 고통스러운 일이 무엇으로부터 우리를 보호하는지 알 수 있다면 자신을 보다 잘 보호할 수 있다.

　개인의 문제는 가끔 몸이 느끼는 방식과의 싸움에 있다. 당신이 느끼는 방식을 단순히 허용한다면 스스로 만들거나 강제할 수 없는 긍정적인 다음 단계가 나타난다. 때로 그것은 자살 충동에 사로잡힌 사람에게 던지는 질문에 도움을 줄 수 있다.

　"당신은 누군가 다른 사람 옆에서 자살을 시도하려고 생각하고 있습니까? 그는 누구인가요?"

　(이 질문을 통해 나는 자살이 누군가에게 상처를 주는 것과 같다는 말을 하고 있다.)

　포커서는 의미를 즉시 깨닫고 자신을 필요로 하는 관계가 존재하는 곳으로 방향을 돌리게 된다. 자살 시도로 상처를 받는 상대도 아마 포커서의 자살 시도를 전혀 이해하지 못할 것이라고 말해도 도움이 된다.

　가끔 포커서가 화가 나 있으면 "무언가에 상처를 받지는 않았나요?"라고 물어보라. 또한 "당신이 필요한 것을 가지지 못한다고 느끼나요?"라고도 물어보라. (그렇다고 한다면 포커서에게 그것이 무엇인지 느끼게 하라.)

　어떤 사람들에게는 겉으로 보기에 가장 필사적이고 파괴적인 반응이 '삶의 긍정을 위한 전쟁'이 될 수 있다. 자신에게 필요한 일을 금지시키는 내면과의 싸움이다. 이때 핵심은 해당 가정이나 금지로 포커싱의 중심을 이동시키는 것이다. 어떤 의미에서 그것은 틀린 것이 되어야 한다. 그것이 어떤 말을 하며, 왜 그런 말을 하는가?

하나의 느낌이 계속해서 반복적으로 머무른다면 당신은 포커서에게 느낌의 '역할 전환'을 요청할 수 있다. 그는 일어서서 몸을 풀고, 마치 자신이 무대에서 연기를 하듯이 준비한다. 역할이 바로 느낌이 되는 것이다.

"잠깐……. 당신의 몸 안에 있는 것을 느껴 보세요. 그 느낌이 당신에게 하는 행동이 무엇인가요? 어떻게 행동하며, 무슨 말을 하고, 어떻게 일어서거나 움직이나요? 당신의 몸 안에 나타나는 것을 가만히 살펴보세요."

때로는 몸의 표현이나 울음, 특정 단어를 외치는 행동이 자연스럽게 나타난다. 이런 행동이 멈추면 표현적인 '해방 행위'가 발생한 근원을 찾아내어 그 감각 느낌에 포커싱하는 것이 중요하다.

발전을 자극하는 몇 가지 제안

적어도 무엇인지 느낄 정도로 오랜 시간 동안 그 느낌을 가지는 것은 괜찮다고 사람들을 안심시키면 도움이 된다. 사물에 대한 욕망과 바람, 그것을 바라보는 방법 등에도 똑같이 적용된다. 우리가 지금까지 봐 온 것처럼 사람들이 자신의 느낌을 가까이하지 않는 다양한 이유가 있다. 그중 두려움이라는 나쁜 느낌은 파괴적인 행동으로 이끈다. 누군가 자신의 느낌을 두려워한다면 이런 말을 해 줄 수 있다.

"느낌과 행동은 같지 않습니다. 당신이 무엇을 느끼든 몸이 직접 느끼게 할 수 있습니다. 그때도 여전히 당신은 자신이 할 일을 결정할 수 있습니다."

"욕구를 느끼는 것은 괜찮아요. 당신의 행동에 대한 욕구를 가지지 않으려는 노력이 실제로 많은 문제를 야기합니다. 하지만 비록 가질 수 없더라도 그것을 얻기 위해 투쟁하지는 마세요."

"포커싱은 자신의 느낌에 빠져 있는 것이 아닙니다. 깊이 빠져들지 마시고 옆에 있으세요. 그곳에 있는 것이 무엇이든 자신이 직접 느껴 보고 열릴 때까지 기다려야 합니다."

"기묘한 상태는 느낌과는 다릅니다. 포커싱은 느낌에서 벗어나 생활과 평범한 상황을 향해 움직이도록 도와줍니다. 기묘한 상태는 느낌으로 깊이 들어간다고 해서 개선되지 않습니다. 당신의 삶에서는 무엇이 상황을 나쁘게 만들고 있나요? 당신이 현실에 안주하는 대신 삶에 능동적으로 참여한다면 어떤 일이 일어날까요?"

포커서가 갑자기 기이하거나 비현실적이라고 느낀다면 진행 속도를 늦추라. 짧은 휴식 시간을 가지고, 포커서에게 방을 한번 둘러보라고 요청한다. 그 후 일상적인 상태로 복귀시키고, 포커싱을 계속 진행한다.

그러나 포커서가 어떠한 곳으로 가야 한다거나, 그곳에서 빠져나와야 한다고 결정해서는 안 된다. 포커서가 스스로 결정해야만 한다. 그는 몇 가지 기묘한 생각들을 조사해 보고 싶어 할지도 모른다.

"지나치게 어려운 것을 변화시키거나 행하기 위해서는 우선 우리가 실제로 할 수 있는 아주 작은 단계가 무엇인지 알아야 합니다. 그것은 무엇이 될 수 있을까요?"

포커서가 아무것도 알지 못하는 상황이라면 작은 단계들을 제시하도록 한다. 하지만 첫 번째 방법이 가능하여 의기양양한 상태가 아니라면 어떠한 것도 정해 줘서는 안 된다.

"새로운 사람들을 만나러 갈 만한 장소들의 목록을 만들 수 있나요? 첫 번째 단계로 목록을 만들어 보세요."

어떤 사람들은 누군가 다른 사람이 가진 생각에 지나친 관심을 가진다. 자신들이 생각하고 느낄 수 있도록 도움을 받아야 한다.

"1분 동안 다른 사람들의 생각과 말은 잠시 접어 두세요. 그에 대한 당신의 느낌은 어떤 것이며, 당신에게는 어떻게 보이는지 함께 살펴봅시다."

괴로워하는 사람들을 다루는 방법

당신 자신과 당신의 일상 등 말하고자 하는 어떤 것도 이야기할 수 있다. 그렇지만 항상 포커서의 문제에 관여하려고 노력할 필요는 없다. 물론 포커서가 문제에 대해 말하는 중이거나 말하고 싶어 한다면 당신은 경청을 거절해서는 안 된다. 그는 당신이 들어 줄 것이라는 사실을 알고 있어야 한다. 당신이 다른 이야기도 할 수 있다는 사실을 알게 됨으로써 괴로움을 겪는 사람에게는 한 가지 위안이 되는 시간이 될 수 있다.

고요하고 평화로운 시간은 유용하다. 다른 사람이 말하기만을 기다려야 하는 긴장감 따위는 접어 두고 잔디 위에 눕거나 산책하는 것도 좋다.

심지어 당신은 괴로워하는 사람들이 바느질이나 음악처럼 잘하는 일에 관해 이야기하도록(또는 행동하도록) 만들 수 있다. 잠시나마 그들의 기분이 나아지게 한다. 당신이 적당한 사람에게 긍정적이고 그럴듯한 이유로 대담하게 만들기도 한다. 포커서가 자신을 불안하게 하는 지역에 당신을 데리고 가고 싶은 마음이 생길 때가 있다. 바로 당신과 함께할 수 있었던 시간이 경과한 이후이다.

그가 당신이 이해하지 못하는 생소한 주제를 많이 이야기하고 난 다음, 하나나 두 가지 정도 이해되는 말을 하는 경우가 있다. 이해가 되지 않는 내용에 포커싱하고 여러 번 되뇌어 보라. 그것이 바로 당신이 접촉해야 할 핵심적 내용들이다. 한 시간 정도 그 문구들에 대해 침묵하거나, 중간에 있는 다른 주제들을 가지고 계속해서 반응해 주는 것도 괜찮다.

포커서가 사실이 아닌 이야기를 한다면 왜곡된 사실이나 거짓이 아니라 그 느낌에 반응하라. 예를 들어, 그가 "화성인들이 내 모든 것을 가져갔어요……."라고 말한다면 당신은 이에 대한 느낌을 가지고 "누가 당신 물건을 가져갔나요?"라고 답한다.

도움이 되는 기타 방법들

누군가가 당신이 줄 수 없는 무언가를 요구했다고 하자. 당신은 요구 자체를 거절해야만 하겠지만, 그가 당신이 필요로 하는 사항에 접속했다는 사실을 다행으로 생각한다고 말해 줄 수 있다. 그가 거리낌 없이 질문해서 기쁘다고도 말해 주라. 그의 삶의 방향과 성장을 위한 요구라면 특히 더 그러하다. 그가 당신과의 친밀감이나 함께 있을 시간을 처음으로 스스로 요청한 것이라도 마찬가지이다.

포커서가 분명하게 파괴적이거나 오히려 문제를 키우는 방식으로 행동한다면(당신 생각에 많은 사람들이 그를 싫어하는 것이 당연하다면), 당신이 할 수 있는 몇 가지 사항들이 있다.

❶ 그의 행동이 당신에게 어떤 느낌이 들게 하는지 말해 준다.
❷ 그의 행동을 지적하고 내면에 어떤 느낌이 있는지 물어본다. 정의 내리지 말고 모호한 채로 내버려 두라. 당신이 '공격', '조작', '게으름', '투덜댐', '지배' 및 여타 비난의 말로 부른다면 오로지 외부적 견해를 제공하는 것이다. 포커서의 내면에는 보다 복잡한 것이 존재한다. 따라서 당신이 외부적 관점에서 탐탁지 않은 이름을 명확하게 지어 준다 할지라도 그것의 정체는 혼란스러울 수밖에 없다.

❸ 당신이 그의 나쁜 행동 방식에서 훌륭한 삶의 추진력이 무엇
인지 감지했다면 그 추진력에 반응해 준다. 올바른 일들이 완
전하고도 자유롭게 완성되지 못하고 절반만 완성되곤 한다.
그래서 많은 나쁜 방식들이 단지 나쁘게만 여겨지는 것이다.
당신이 현재 발생하고 있는 절반에 반응한다면 보다 많이 발
생하도록 이끄는 것과 같다. 잃어버린 절반에 반응하는 것은
도움이 되지 않는다.

예시가 있다. 누군가 투덜대면서 불평하고 있다.
"왜 당신은 항상 투덜대고 나약한 소리만 하나요? 스스로 일어서
서 당신이 원하는 것을 주장해 보면 어떤가요?"
이런 말은 아무런 도움이 되지 않는다. 나타나려고 애쓰는 긍정
적인 절반에 반응하는 것이 도움이 된다. 다음처럼 말해 준다.
"사람들로부터 당신이 필요한 것이 무엇인지 말하는군요. 당신
은 사람들이 지금까지 해 온 일들을 중단하라고 주장하고 있군요."
몇 가지 삶을 강화시키는 과정들을 소개한다. 자신에 대한 편들
기, 자신이 세상을 보는 방식을 방어하기, 자신이 행하는 대로 자유
롭게 느끼도록 허용하기, 누군가에게 다가가려고 노력하기, 얼마간
자신이 할 수 없었던 일을 시도해 보기, 탐구하기, 자신을 궁금해
하기, 사람들을 만나려고 노력하기, 성적 취향, 우주의 의미와 신비
로움에 대한 느낌, 평화 추구하기, 누군가 당신을 지켜보도록 허락

하기, 새로운 것을 시도해 보기, 상황을 책임지기, 사람들의 행동에 대해 당신이 원하는 바를 말하기, 정직해지기, 희망 갖기, 포기하고 싶은 마음 거절하기, 도움 요청하기 등이다. 모두 훌륭한 삶의 추진력이 될 수 있다.

세상 누구도 당신 하나에만 의존해서는 안 된다. 포커서 주변에 사람이 부족하다면 당신이 아는 사람들을 소개하거나, 다른 사람에게 도움을 요청하게 하라.

도우려는 사람들이 논의할 때 포커서도 함께 있어야 한다. 당신이 도움을 주려는 사람 앞에서 솔직해지는 것은 어렵지만, 우리는 왜 당신이 그렇게 해야만 하는지 지금까지 충분히 살펴보았다.

포커서의 직업상 도움, 살 장소 등의 요구는 진정한 도움의 일부가 되어야 한다. 어떤 것이든 도움은 요구에 의한다. 전체에서 정신적인 문제만 분리하는 것은 소용없는 짓이다. 개인의 삶에서 분리될 수 없기 때문이다.

세 번째 도움 유형 : 상호 작용

지금까지 당신은 포커서의 느낌에 대답하거나(첫 번째 도움), 포커서의 느낌에 대한 자신의 느낌이나 생각을 전달하는(두 번째 도움) 방법을 살펴보았다. 지금까지는 다른 사람을 돕는 일에 관한 내용이었다면 지금 우리는 당신의 느낌에 대해 이야기하고자 한다. 포커서를 돕는 만큼이나 당신도 많이 다룰 것이다. 아주 이상적이게도 둘 다 동등하게 혜택을 누릴 수 있다.

다른 사람들과 함께 있으면 우리의 느낌은 종종 함께하는 사람들을 닮아 간다. 하지만 우리 자신의 느낌이 아니다. 우리는 자주 자신의 느낌 때문에 다른 사람을 비난하고픈 충동에 사로잡힌다.

"나는 당신이 매우 방어적이라고 느낍니다."

"나는 당신이 나를 조종하고 있다고 느껴요."

"나는 당신이 항상 나를 방해해서 화가 납니다."

"나는 당신의 기분이 조금도 나아지지 않아 실망스럽습니다."

이 예시에서 포커서는 친절하지 못하거나 나쁘게 행동해서, 또는 우리 느낌에 대한 이유를 밝힘으로써 그의 느낌을 표현하고 있다. 느낌을 보다 효과적인 방법으로 표현하기 위해 우리는 자신의 느낌에 포커싱해야 하고, 내면에 존재하는 것과 접속해야 한다. 이 느낌들은 여전히 포커서의 행동과 관련되어 있지만, 엄밀히 말해 우리의 느낌이다. 포커서의 부담이 되어서는 안 된다. 예를 들어 보자.

"일련의 생각들을 계속 유지하거나 의미 있는 말을 하는 것이 저에게는 항상 힘에 부칩니다. 그래서 당신이 중간에 방해하면 제 약점을 자극하게 됩니다. 그래서 저는 스스로 당신에게 말할 여지를 만들 수 없습니다. 바로 제가 화가 난 이유입니다."

"저는 사람들에게 큰 도움을 주는 관계를 맺고 있습니다. 당신의 기분이 전혀 나아지지 않아 조금은 실망스럽습니다. 저도 당신에게 마음을 쓰고 있지만, 실망은 어쩔 수 없는 저의 문제입니다. 저는 많은 도움을 줄 수 있는 사람이 되어야 합니다."

자신을 표현하는 방법

상호 작용이 이루어지는 순간 당신은 포커서나 자신의 내면으로 이동할 수 있다. 예를 들어, 당신이 지금 화낼 만한 일을 저지른 여성과 함께 있다고 가정해 보자. 당신은 그녀가 했던 행동, 그녀는 어떤 사람인지, 그런 일을 저지른 이유 등을 조사할 수 있다. 당신은 자신이 어떤 사람이며, 왜 화가 났는지 살펴볼 수도 있다.

먼저 행하지 말라. 포커서를 위해 남겨 두라. 두 번째로 행하고, 상호 작용에서 당신의 느낌으로 이동하라. 왜 당신에게 영향을 주었는지 살펴보고 함께 공유하라.

사람들은 당신이 자신들의 잘못된 점을 지적하면 듣기 힘겨워한다. 그에 반해 당신의 잘못된 점이나 취약점, 불안한 부분을 말하면 쉽게 듣는다. "나는 당신이 ……하다고 생각해(라는 느낌이야)"라는 말이 들어간 표현은 피한다. 당신이 타인의 영역에 들어가서 자신을 보호하는 표현이기 때문이다.

당신에게 일어나는 일을 공유하는 것은 상호 작용을 보다 개방적이고 개인적으로 만든다. 그때 포커서는 자신의 내면에서 일어나는 일을 당신과 공유해도 편안함을 느낄 수 있다.

서로 돕는 사람들

"제 느낌을 표현해야만 해요. 그런 말을 하는 당신을 제가 신뢰할 수 있을까요? 당신이 저를 괴롭힌다고 느껴져요."

이런 말을 해서는 안 된다. 대신 다음처럼 말하라.

"제가 시작했던 말을 끝낼 수 없으면 화가 나고 당혹스러워요. 말의 진행 순서가 엉망이 되죠. 제가 현실적인 생각을 가지고 있지 않은 것 같아 불안합니다."

자신을 구체적으로 표현하는 것은 필수이다. '일반론'은 피해야 한다. 당신을 화나게 했다고 생각되는 사람들을 지속적으로 비난하는 행위이다. 당신이 일반적인 원칙을 공유하더라도 실질적인 공유가 아니다. 그러나 당신에게 실제로 일어나고 있는 구체적인 일들(가령 상황에 대한 당신만의 독특한 감각 느낌)을 공유한다면 당신을 공유하는 것이 된다. 당신은 포커싱을 통해 그러한 구체적인 내용들을 찾을 것이다.

당신이 공유한 내용이 무시되는 것을 대비해 미리 참을 준비가 되어 있어야 한다. 포커서는 즉시 당신을 만날 수도 없고, 여전히 개인적인 분노에 휩쓸려 움츠러들어 있을 것이다. 자신을 공개함에 있어서는 당신보다 못할 것이기 때문이다. 포커서는 자신이 화나는 일을 한 번 이상 언급하거나 비웃듯 조롱하며 말할 것이다.

당신은 확실히 솔직한 사람이지만, 포커서를 충족시킬 수는 없을 것이다. 따라서 피드백처럼 즉각적으로 따뜻하게 받아들일 것으로 기대해서는 안 된다. 불안하다면 포커서의 반응이 어떻든 상관없이 당신의 말이 스스로 의미를 가질 때까지 기다려야 한다.

"나는 정말로 화났어"라는 말보다 화난 내용을 말하고, 당신의 분노가 간접적으로 보이게 하는 편이 더 낫다. 당신의 느낌을 직접적으로 말해 봤자 다른 사람에게 공유될 뿐이다.

당신에게 처음 다가온 단어들이 말로 표현하기 어렵더라도 자신과 싸워서는 안 된다. 얼마간의 시간을 두고 기다리면서 또 다른 단어들이 연결되게 하라. 당신이 말할 수 있는 단어를 얻을 때까지 그렇게 해야 한다. 표현할 필요가 있는 무엇이든 포기해서는 안 된다.

당신이 가장 두려워하는 것이나, 스스로 해결하려고 발버둥치는 일에 포커싱하라. 포커서가 한 말이 당신을 불안하게 하는가. 당신이 두려워하는 것에 대한 사람들의 말과 의미에 포커싱하라. 그다음 당신이 내면에서 발견한 핵심을 이야기하라.

종종 우리가 느낀 내용의 표면이나 방금 반응한 방식에 필사적으로 포커싱한다. 그것을 바로잡거나 무언가 다른 것으로 바꾸려고 하는 것이다. 하지만 현실의 느낌이 직접 말하도록 하는 편이 더 쉽다. 예를 들어 보자.

"그 일로 인해 기분이 나쁩니다."

"당신이 화를 내서 상처를 받았어요."

"그 일로 인해 내가 밀려나는 느낌을 받았어요."

"허를 찔린 기분입니다."

"나는 갇혀 있어요."

상호 작용에서 은밀하게 숨겨진 일들을 분명하게 말하고, 그에 대한 느낌이 어떤지 말해 보라. 자주 당신과 포커서 모두가 느낄 수 있는 일들이 일어나지만, 둘 다 인지될 것이라고 기대하지는 않는다.

예를 들어, 포커서가 당신을 압박할 수도 있다. 이때 당신이 저항하고 있다는 사실이 알려지지 않도록 애쓰면서 무언가를 강요당하는 상황을 피하려고 노력할 것이다. 아니면 무언가 어리석거나 잘못된 일을 저지르고는 잘못을 인정하지 않고 만회하려고 노력할 것이다. 또한 본래 모습이 아닌 다른 무언가로 만들기 위해 노력할지도 모른다.

이와 같은 일이 실제로 발생했다면 솔직하게 이야기한다. 그러면 소통을 위한 상황이 '해제'된다. 말하지 않으면 상호 작용에 진전이 없는 '갇힌' 상태가 유지된다. 당신이 행한 무언가를 지금 후회하고 있다면 그에 관해 말하라. 비록 늦은 감이 있을지라도 갇혀 있던 상호 작용의 해제에는 언제나 늦은 시기란 없다. 예시를 들어 보자.

"화가 나서 소리 지르는 것이 어리석다고 느낍니다."

"조금 전 과거로 돌아가 보면 당신은 ……라는 말을 했고, 저는 '네'라고 대답했습니다. 저는 겁이 나서 '아니오'라고 대답할 수 없었습니다. 저는 당신과 다투는 것이 겁이 났어요."

종종 맞서기 불가능하다고 느끼는 것이 누군가와 더 가까워지는 특별한 기회를 제공하기도 한다.

아무 변화가 일어나지 않아도(비록 많은 변화가 일어나는 것 같지 않더라도) 당신이 무언가에 포커싱하기를 바란다면 항상 많은 변화가 생긴다. 그중 일부는 그와의 상호 작용과 관련되어 있다. 그것을 표현하라.

당신이 너무 멀리까지 밀려났다고 생각되면 행동을 중단하고 한계를 정하라. 당신이 분노로 폭발하거나 화가 나서 미치기 전에 그렇게 해야만 한다. 당신의 욕망을 제어하지 못해 발생하는 일로부터 상대를 보호하라. 당신은 여전히 시간적인 여유와 관련성을 가지고 상대에게 어떤 의미인지 들어 보기를 원하는가. 그럼 당신이 원하는 일과 원하지 않는 일을 말해야 한다. 예시를 들어 보자.

"당신이 전화하셨을 때 제가 도움이 된다는 사실이 정말 좋았습니다. 하지만 지금은 그런 일이 너무 자주 일어나고 있어요. 그래서 좋은 느낌보다는 이용만 당하고 강요받고 있다는 느낌이 더 큽니다. 당신의 전화에 좋은 느낌을 가지고 싶습니다. 예전에는 일주일에 두 번 정도 전화를 하셨죠. 다시 그때로 돌아가고 싶습니다."

당신은 상대를 떼어 내려고 의도하고 있지 않다. 당신은 한계를 확고하게 정해야 한다. 한계 내에서 상대에 대한 느낌이 다시 좋게 회복되도록 만들기 위함이다. 한계를 정하면 당신은 한계에 대한 상대의 느낌이 어떤지 들을 수 있다.

당신이 조용한 사람과 함께 앉아 있다면 다음처럼 말해 보라.

"저는 여기 그냥 앉아서 당신과 함께 있겠습니다."

긴장을 풀고 다른 사람에게 휘둘릴 필요 없이 당신이 혼자서도 잘 유지해 나갈 수 있다는 것을 보여 준다. 그러한 침묵이 오래 지속된다면 당신은 많은 느낌의 고리를 가지게 된다. 그중 일부는 당신 스스로 표현할 수 있을 것이다(아마도 매 몇 분마다).

당신이 가지고 있지 않거나 갖기를 희망하는 느낌은 말해서는 안 된다. 당신이 가진 것 중에 가치 있고 소중한 것을 이야기하라. 정직해지기가 고통스럽다면 다른 사람들은 당신이 얼마나 친절하고 현명하며 아름다운지에 신경 쓰지 않는다는 사실을 깨달아야 한다. 오로지 당신만이 그 점을 신경 쓰고 있을 뿐이다. 당신이 어리석고 완벽하지 않아 보여도 타인에게 아무런 해가 되지 않는다.

이미 예전부터 그래 왔다. 사실을 모두 자백하는 것이 문제를 더 나쁘게 만들지는 않는다. 공개하지 않는다고 문제가 사라지지는 않는다. 그것이 진실이기에 서로 상호 작용을 하기 위해 여기 있는 것이다. 진실되지 않은 것은 여기 있을 수 없다. 진실은 사람들이 참고 견딜 수 있는데, 이미 그렇게 해 오고 있기 때문이다.

자신을 표현하지 않아야 할 때

사람들이 포커싱하거나, 자신의 걱정거리를 이야기하거나, 당신이 마음속 공간을 만들 때는 조용히 침묵해야 한다. 자신에 관한 이야기는 잠시 접어 두라. 항상 자신들의 말이 먼저 이해되거나, 먼저 연락되었을 때 사람들은 당신의 말을 더 잘 들어 준다. 또한 상대가 그렇게 한다면 어떠한 말 한마디 없이도 당신의 느낌은 바뀔 수 있다. 상대가 먼저 하게 배려하기란 힘든 일이다. 하지만 상대가 모호하고 속상한 느낌들로 가득 차 있다면 기다리지 않는 한 당신의 말은 상대에게 들리지 않을 것이다.

이미 화가 나 있고 상호 작용에 대한 신뢰를 이미 상실했다면 당신을 표현하기 전에 잠시 기다려라. 진정할수록 당신의 느낌을 더 잘 구별할 수 있다. 또한 당신의 느낌에 휘둘려 녹초가 되지는 않는다는 것이 명확한 사실인지를 상대가 경험하기도 더 쉬워진다.

혼란스럽지 않음에도 당신의 깊은 느낌을 숨기고자 한다면 곧바로 자신을 표현해서는 안 된다. 그것들이 무엇인지 알기 위해 포커싱하라.

자신을 표현해야 할 때

관계를 더욱 친밀하게 만들고 싶으면 자신을 표현해야만 한다. 또는 어떤 식으로든 당신 자신이 뒤틀려 있을 때이다. 실제로 느끼지 못하는 면을 당신이 느끼고 있다고 상대가 말한다면 목소리를 높여 진실을 말하라. 그러고는 다시 경청해 보라. 당신이 한 말을 상대가 믿지 못한다 해도 괜찮다. 그와 논쟁을 해서는 안 된다.

상대가 당신을 편안하게 느끼기 위해 더 많은 이야기를 듣고 싶어 하는가. 당신의 반응 중 상대가 오해하고 있는 부분이 있는가. 그럴 때는 당신을 표현하라. 당신이 어떻게 그런 느낌을 가지게 되었는지 솔직하게 말하라. 당신이 실제로 느끼지 못하는 부분에 상대가 관련되어서는 안 된다. 비록 당신에게 보여 주지 않고, 오해되고, 접근할 수 없는 상태로 남아 있는 편이 더 쉽게 느껴지더라도 그래서는 안 된다. 당신이 그렇게 행동한다면 어떠한 상호 작용도 불가능하다는 사실을 명심한다.

당신이 집단 속에 있으며 아무 일도 일어나지 않는다면 자신에 대한 무언가를 표현해 보라. 다른 사람들도 자신을 표현하게 만드는 효과가 있다. 그들에게 당신 내면에 있는 무언가 개인적이고 의미 있는 것을 전해 주라.

상대가 당신과 관련되는 것을 감당하지 못하면 자유롭게 당신에 관한 어떤 것이든 표현하라. 분명 도움이 된다. 이런 식으로 당신은 다른 사람의 의사에 따라 움직일 필요가 없다.

상대가 당신을 이상적이라고 느껴도 자신을 표현하라. 당신에게서 발견된 몇 가지 개인적인 문제나 좋지 않은 느낌들을 공유하라.

상대가 당신에게 상처를 주거나, 당신이 힘들까 염려할 때도 자신을 표현하라. 당신의 느낌에 대한 구체적인 내용을 알려 준다. 비록 상처받거나 속상하게 되더라도 당신은 무너지지 않는다는 사실을 보여 주는 것이 좋다.

하지만 오직 하고 싶을 때만 당신을 표현하라. 두 사람이 있다면 당신도 상대와 같은 권리를 가지고 있다. 왜 당신이 자신을 표현하고 싶어 해야 하는지 항상 인지하고 있을 필요는 없다.

네 번째 도움 유형 : 집단 내에서의 상호 작용

다음에 이어질 내용은 집단과 관련된 내용이다. 아마 직원 미팅이나 가족 모임 정도가 될 수 있고, 특별 집단이나 작업 그룹이 될 수도 있다. 아니면 내가 이후 다룰 포커싱을 위한 특별한 그룹이 될 수도 있다.

우리 모두는 그 집단들이 나쁜 느낌들을 공개적으로 처리하고 받아들여야 한다고 들어 왔다. 하지만 일반적으로 효과가 좋지는 않다. 사람들은 서로의 느낌을 상하게 하는 문제를 진정으로 해소하려고 하지 않는다. 모든 사람들은 하고 싶은 말만 할 뿐, 아무도 많은 단계들을 견뎌 내지 못한다. 아무도 느낌의 변화를 가져오는 진정한 경청이나 포커싱을 하려고 하지 않는다. 그럼에도 그렇게 하는 것이 필요하며, 실제로도 그래야만 한다. 느낌의 변화는 일반적으로 경청과 포커싱이 동반되었을 때에만 가능하다.

포커싱은 집단 내에서도 가능하다. 심지어 큰 집단일 경우에도 가능하다. 누군가 한 사람이 실행 지침을 읽어 주고, 나머지 모든 사람들은 그 사이마다 주어지는 침묵의 시간 동안 포커싱하면 된다.

포커싱이 끝난 후에는 각자에게 무언가 말할 시간이 주어져야 한다. 집단이 큰 경우에는 소규모 집단으로 나눌 수 있다. 가능한 시간을 구분하고, 시계를 가진 사람에게는 시간을 알려 주도록 요청하면 된다.

30분의 시간이 있고, 10명의 사람이 함께 있다고 생각해 보자. 10명에게는 각각 2분 30초의 시간이 할당된다(사이사이 손실되는 시간까지 감안해야 한다). 사람들이 생각 없이 사용하면 2분 30초는 아무것도 아니지만, 미리 시간을 인지하고 포커싱한다면 그보다 긴 시간이 될 수 있다. 대략적이나마 자신들이 할 말을 생각해 보도록 1~2분 정도 고요하게 침묵하는 시간을 가져 보라.

사람들이 원하는 것을 자유롭게 말하고, 아무도 비판하거나 편집하거나 무엇이든 다른 말을 추가하지 않아야 따뜻한 집단 풍토가 조성된다. 사람들이 경청에 숙련되어 있거나, 경청하는 방법이 지도되고 있거나, 포커싱을 제대로 알고 있는 사람이라면 바르게 경청하고 대답할 것이다. 사람들이 경청하는 법에 숙련되지 않았거나, 경청하는 법을 배우고 있지 않다면 자기 차례가 되어도 포커서를 제외하고는 아무도 말을 해서는 안 된다.

집단이 누군가로 인해 애를 먹고 있거나, 당신이 타인으로부터 어려움을 겪고 있는가. 시간을 따로 정해서 몇 명의 사람이 그와 함께 대화할 수 있게 하라. 단지 소수의 사람이 모임에 참여하면 참여자들은 문제를 완전히 이해하고 주어진 시간을 충분히 활용할 수 있다.

모임의 목적을 모든 사람들의 성장과 솔직함에 두라. 사람들 간의 어려움들이 맡은 일과 집단의 원동력을 방해해서는 안 된다. 사람들을 이러한 방식으로 다루면 집단은 더 나은 방향으로 발전한다. 문제들이 해결되고 집단 내의 한 사람이 성장을 경험하면 나머지 모든 사람들은 흥분에 휩싸일 것이다.

집단 내의 몇 사람이 문제를 일으키는 사람과 대화를 한다고 하자. 적어도 한 사람이 지정되어 그의 말을 진지하게 경청하는 것이 보장되어야 한다. 그가 집단의 다른 회원들에게서 나온 충격적인 피드백을 잘 대처할 수 있게 도와줄 것이다.

비록 화가 나고 불합리하다고 여겨지더라도 문제를 일으키는 사람에게는 타당한 이유나 적어도 겉으로 보기에 타당해 보이는 이유가 존재한다고 믿어야 한다. 심리적으로 소란을 야기하거나 해를 끼치는 것이 무엇이든 말이다.

상호 작용이 지속적으로 좋지 않다면(당신이 10분 동안 대화를 진행했음에도 더 나빠지기만 한다면) 일단 멈추고 경청의 첫 번째 단계나 두 번째 단계로 돌아가라. 그가 무언가 좋은 일을 하려는 시도를 하고 있다고 생각한 뒤 그에게 말해 준다. 그에 대한 좋은 점을 발견하려고 노력하고, 좋은 점도 알려 주라(그러기가 부담스럽다면 그의 말에 동의하지는 않지만 이해할 수는 있다고 말해 준다).

상대가 당신의 말을 정확하게 이해했다면 당신의 입장을 이야기하고 행동으로 옮겨라. 비록 그가 당신의 말을 듣기 싫어하더라도 대화가 끝나기 전이나 끝난 직후에 당신의 입장을 이야기하라. 그가 당신의 말을 알아들을 수 있도록 도움을 줄 누군가와 함께하는 것도 도움이 될 것이다.

왜 집단에는 당신의 인생과 노력을 다 바치면서 한 사람에게는 단지 몇 시간조차 함께하기를 꺼리는가? 사람들은 종종 너무나도 화가 나서 그를 집단에서 내쫓고 싶어질 때까지 조용히 지낸다. 당신도 역시 집단에 대해 낙담하고, 솔선수범해서 일하고 싶지도 않으며, 현재 제대로 하고 있는지 불안할 수도 있다.

내키지 않더라도 그런 느낌으로 고통받는 다른 사람의 말을 들어 주는 도움을 주면 어떤가? 집단 내에서 방금 행동을 취하고 불평하기 시작했지만 어떤 것도 표현할 기회를 가질 수 없었던 사람에게 말할 기회를 제공하도록 도움을 준다.

어떤 사람이 무언가 의미 있는 말을 하고 난 뒤에 다른 사람들의 사소한 이야기나 관련 없는 질문들이 쏟아진다면 어떻게 해야 할까? 맨 먼저 말했던 사람에게 기회를 좀 더 주는 것이 현명한 방법이다.

모든 사람이 한 사람에게 적대감을 가지고 있다면 그를 공격하는 행동에 동참해서는 안 된다. 그의 말이 다른 이들에게 더 잘 전달되고 이해되도록 관심을 가지는 사람이 반드시 존재해야 한다. 비록 당신이 불안을 느끼거나 집단 내의 아웃사이더더라도 자신의 바람을 표현할 수 있다. 당신이 그에게 보다 많은 이야기를 듣고 싶다거나, 집단 내의 사람들이 아무 반응을 보이지 않는 그의 말이 반복되어 말해지는 것을 원한다는 바람을 말한다.

두 사람 간의 소통에 도움을 줄 방법 몇 가지를 소개하고자 한다. 둘 이상의 사람들이 서로에 대해 괴로움을 호소하고 있는가. 당신이 그들에게 화가 많이 난 상태가 아니라면 서로에게 대화가 잘 전달되도록 도와줄 수 있다. 소통이 나쁘다면 일반적으로 그들 중 누구도 상대의 말을 제대로 들을 수 없다.

경청의 첫 번째 단계로 당신이 그들 중 한 명에게 대답한다면 나머지 한 사람도 당신의 말을 들을 수 있어 좋은 결과를 가져올 수 있다. 그 후 두 번째 상대의 느낌에 관심을 돌려 반응해 주도록 한다. 이번에는 첫 번째 사람이 경청할 것이다. (중재하려 하거나 누가 옳은지 판단하려고 하지 말라. 당신의 견해는 나중으로 남겨 두거나 오히려 빨리 말해 버리고, 문제 해결의 중심이 다시 그들을 향하게 해야 한다.)

지금까지 우리가 다룬 경청의 대부분은 당신과 가까이 있는 사람들과의 상호 작용, 즉 '소통'에 도움을 줄 수 있다. 현실과의 차이라면 당신이 도움을 주려고 하지 않는 상태이며, 열심히 살아가며 일해야 하는 상황이라는 것이다. 따라서 상호 작용이 더욱 힘겨워지고 느려질 것으로 예상된다.

당신도 개인적인 관계로 마땅히 도움을 줄 수 없다면 차라리 순응하고 받아들이는 편이 좋다. 당신이 공격받을 때는 제대로 경청할 수 없다는 사실에 놀라지 말라. 비록 느리고 힘겨워 보여도 학습한 접근 방법들을 시도해 보라. 때로는 사람들을 꽉 막힌 분위기에서 해방시켜 주는 효과를 발휘할 수 있다.

스스로 경청하고 당신이 발견한 일에 포커싱해서 말을 하라. 가끔은 타인들에게 자신들의 느낌을 더 많이 느끼고 말하도록 요청하라. 그러면 집단 내의 상호 작용에 보다 큰 변화를 가져올 것이다.

PART
4

포커싱과 사회

새로운 관계

사람들은 포커싱과 경청을 통해 마음을 열면서 서로에 대한 풍요로움을 발견한다. 그 결과 관계는 더욱 충만해지고 견고해지며, 감사하는 분위기가 생겨난다. 각 개인에게 있어 공정함을 추구하고자 하는 노력이 감지되고 존중받는다. 포커싱은 닫힌 관계의 해방에 도움을 줄 수 있다. 심지어 그러한 관계가 오랜 시간에 걸쳐 닫혀 있던 상태라도 상관없다.

우리 대학의 교수인 켄과 에드의 사례를 살펴보자. 그들은 거의 20년쯤 전에 다툼이 있었고 응어리가 해결되지 않았다. 이후 두 사람은 공식적인 모임을 제외하고는 서로를 피해 다녔다. 그들은 자주 중요한 사안의 결정을 내려야 하는 상황에 놓였다. 서로에게 말을 해야 하는 상황을 피할 수 없었다. 그들의 관계는 고통스러운 것이 아니라 단지 갇혀 있는 상황이었다. 그들은 일부러 서로를 괴롭힐 만한 어떠한 일도 하지 않았지만, 둘 사이의 관계에 아무것도 도움이 되지 못했다.

　몇 년 전 나는 그들이 결정해야 하는 일에 관여하게 되었다. 나는 켄이 결정을 내리기 위해 깊이 고민하고 있을 때 그의 사무실에 앉아 있었다. 그는 에드가 원하는 것이 무엇인지 알고 있었지만, 자신과 반대 입장인 에드도 복잡한 심정일 거라는 예상을 하고 있었다. 켄에게는 에드의 지원이 필요했다. 적어도 그에게는 적극적으로 자신의 의사에 반대하지 않는 에드가 필요했던 것이다. 켄은 에드에게 직접 연락해 보기로 결심했다. 하지만 어떻게 연락할 수 있을까? 켄은 비록 에드가 같은 건물 내에 있어도 문제를 논의하기 위해 전화를 이용해 보기로 했다. 물론 아무것도 변한 건 없었다.

　그들 두 사람은 포커싱과 경청을 잘 알지 못했다. 물론 그들은 서로에 대해서는 잘 안다고 생각했다. 어느 정도는 틀린 말이 아니었다. 그들이 20년간이나 서로를 관찰해 왔기 때문이다. 각자는 서로에게 주어진 상황에서 상대가 어떤 행동을 할지 정확하게 예상하고 있었다. 그러나 그들은 서로에 대해 포커싱하고 경청한다면 어떠한 변화가 일어날지 알지 못했다. 그들은 서로가 잘 아는 불쾌한 특성 아래 내재된 '풍요로움'도 감지하지 못했다. 또한 갇힌 장소에서도 변화가 일어날 수 있다는 사실도 몰랐다.

　그들에게 일상적인 대화는 별로 유용할 것 같진 않았다.

　"두 분이 문제에 대해 허심탄회하게 대화를 나눠 보면 어떨까요?"

대화를 하더라도 보다 나쁜 느낌만 가질 수 있었다. 서로 상대의 잘못된 점을 지적하면서 이야기를 시작할 것 같았다. 그렇게 한다면 그들은 각자 자신의 의견을 정당화하거나, 사람들 본연의 모습과 살아가는 방식에 관한 일반적인 의견을 정당화하려고만 할 것이다.

그러나 실질적인 포커싱과 경청 과정에서 두 사람 모두 변할 수 있었다. 각자에게 필요한 변화는 격심한 것이 아니라, 오로지 서로에 대한 느낌의 변화와 관련되어 있었다. 에드를 괴롭히는 켄의 특성과 기질 아래에는 서로가 의심하는 것과는 다른 무언가가 존재하고 있었다. 그런 풍부한 인간적인 본질이 드러날 수만 있다면 두 사람은 서로를 다르게 느낄 것이다.

논쟁 중에 두 사람은 끊임없이 자신들의 입장만을 반복해서 주장했다. 당신이 다음과 같이 상대의 입장을 달리 말한다면 많은 시간을 절약할 것이다.

"당신의 말에 동의하지는 않지만, 내가 제대로 이해하고 있는지 한번 살펴봅시다. 당신의 핵심은 ……이지요?"

상대가 반복하는 주장을 멈추게 하고, 당신의 말을 경청하거나 포커싱하게 만드는 말이다. 상대가 가진 다른 느낌도 살펴볼 수 있게 한다.

이번에는 좀 더 친근한 관계의 사례를 살펴보자. 한 여성은 한 명 이상의 애인을 가질 자유를 원했다. 남자는 질투와 불안감을 느껐다. 그들의 관계는 한동안 갇힌 상태로 이어졌다. 그와 함께 지내며 편안함을 느낄 때마다 그녀는 자신의 사랑을 표현했다. 한편으로는 다른 사람들과 함께 데이트를 즐기고픈 욕망을 언급하는 형태로 그들의 대화는 계속해서 반복되었다. 그는 그녀에게 물었다.

"도대체 누구와? 언제? 얼마나 자주?"

그녀는 침묵과 분노로 마음의 문을 닫아 버렸다. 그 후 그들의 관계는 갇힌 상태로 이어져 왔다. 그가 그녀에 대해 '아는 것'이라고는 많지 않았다. 그때 그녀가 위축되는 느낌을 받았다는 것을 감지했지만, 도대체 왜 그랬는지 이해하지 못했다는 것이 전부였다. 그녀가 그에 대해 '아는 것'은 소유욕이라는 단어가 전부였다. 그녀는 그가 자신을 소유하고 싶어 하며, 자신의 삶을 제한한다고 생각했다.

결국 몇 개월이 지난 후 그들은 포커싱을 하고 서로에 대해 경청했다. 첫 번째 단계에서 그는 말했다.

"당신에게 그렇게 물었을 때였어. 당신은 나를 화나게 하고는 아무 말도 하려고 하지 않았어. 지금 당신의 느낌은 어때? 나는 지금 변화를 위해 당신의 말을 귀 기울여 들을 수 있어."

그의 소유욕에 관한 일상적인 불평을 반복하는 대신 그녀는 포커싱을 하고 잠시 동안 고요하게 있었다. 그도 마찬가지로 조용히 포커싱했다. 그때 그녀는 무언가를 이해한 듯 보였다.

"행크, 그런 질문들을 하면 당신은 갑자기 매력 없고, 로맨틱하지 않고, 겁에 질린 남자로 변했어. 그게 나를 너무나도 화나게 해. 그래서 나는 당신에 대한 성적 욕구를 완전히 잃었어. 그게 바로 이유야."

그가 간단히 말했다.

"오, 그건 몰랐군. 당신이 이유를 찾아서 말해 주니 기쁘군."

물론 포커싱의 첫 번째 단계는 그들의 문제 전체를 해결해 주지는 못하지만, 과거의 갇혀 있던 관계에 변화를 일으키는 효과가 있었다.

포커싱은 시간을 절약해 준다. 필요한 시간은 하루 중 단 몇 분이면 된다. 당신은 문제가 있는 곳에 가서 전환을 경험할 수 있다. 변하지 않는 관계에 갇혀 아무런 진전 없이 반복되는 싸움에 시간과 에너지를 낭비하기보다는 포커싱을 시도해 보는 것이 훨씬 더 효율적이다.

가까운 관계에서는 정기적인 포커싱과 경청을 통해 확실한 이득을 볼 수 있다. 그렇다면 업무적인 상황은 어떨까? 모든 사람들이 개인적으로 지나치게 가까운 친분을 유지한다면 어떻게 될까? 아마도 분위기가 지나치게 끈끈한 관계로 발전하지 않을까? 그렇게 되면 서로 깊이 대화하느라 업무가 제대로 진행되지 않을 수도 있지 않을까? 간단한 양식 하나를 가지러 구매부에 갈 때마다 누군가의 말을 경청하기 위해 15분씩 있어야 한다고 상상해 보라.

아니, 그렇게 되지는 않을 것이다. 오히려 포커싱과 경청이 없어질 가능성이 더 크다!

대부분 직장에는 나쁜 생각과 나쁜 관계로 넘쳐 난다. 구매부에 갈 때마다 레나는 작년에 자신을 해고하려고 시도했던 여성의 쓴 웃음과 마주해야 했다. 빌은 파괴적이고 누구도 믿지 않는다. 짐은 빌에게 동의해 주는 척하면서 다른 사람들의 나쁜 점을 낱낱이 일러 주고 있다.

이처럼 많은 사람들이 매일 곳곳에서 일하고 있다. 심지어 아주 유쾌한 장소에서도 사람들이 서로의 말에 경청하면 작업 능률이 향상된다. 사람들은 일을 해내는 것은 물론이고 더욱 잘해 내기를 원한다. 하지만 대부분의 직장에서 너무나 많은 방식으로 갇히는 상황을 경험하기 때문에 사람들은 낙담한다.

우리의 근로 환경, 학교, 병원, 교회를 개선하기 위해 많은 시간이 소요될 것이다. 어떠한 기관에서도 포커싱하고 경청하기 위한 시간과 공간은 마련될 수 있다. 그러나 집단 내의 모든 사람들이 포커싱과 경청을 학습한 경우라 하더라도(학교처럼) 우리의 직장과 기관들은 여전히 느리게 변할 것이다.

현재 조직화된 기관들은 개인적인 삶과 그와 관련된 발언을 위한 기회를 좀처럼 제공하지 않는다. 사람들은 대체로 둔해지고 침묵하게 되며, 내면적으로는 혼자가 된다. 사회의 기관들은 그것을 위한 공간이 비어 있다.

당신이 좀 더 개인적으로 누군가를 만나고 싶어 한다면 현대 사회는 단지 몇 가지 빈약한 선택 사항들만 제공할 뿐이다. 당신은 심리 치료를 받을 수 있고, 주말이면 대면 집단에 참여할 수도 있다. 그것이 성공적이라면(세 가지 중 한 가지 정도라도) 당신은 사람들에게 다가갈 수 있다. 그들도 당신에게 가까이 다가올 것이다. 그런 다음 모임은 해산된다. 당신이 더 많은 사람들을 원한다면 일주일 후 낯선 사람들로 구성된 새로운 모임을 만날 것이다. 당신은 또다시 반복적으로 이전과 같은 초기 경험을 할 수 있다. 실제로 영원히 지속되는 사회 조직은 존재하지 않는다.

그렇다면 해답은 무엇인가? 나는 '변화 집단Changes group'이라고 부르는 새로운 유형의 사회 조직에 해답이 있다고 믿는다. 그런 몇 개의 집단들이 미국 여러 지역에서 포커싱과 경청을 아는 사람들에 의해 수년 동안에 걸쳐 만들어졌다. 그 집단들은 포커싱-경청의 친밀함 속에서 사람들을 한데 모은다. 중요한 것은 바로 지속적인 사회 조직이라는 점이다. 당신에게 포커싱이 필요하거나 누군가 당신의 말을 경청해 주기를 원할 때 이용할 수 있는 공간이다.

당신이 직접, 그리고 아주 쉽게 변화 집단을 시작해 볼 수 있다. 그런 집단들이 운영되는 방식을 보여 주기 위해 그들 중 하나인 '시카고의 변화Changes in Chicago'에 대해 설명해 보려고 한다.

평범한 일요일 저녁, 대학로 57번가에 있는 교회에서 커다란 모임이 있다. 두 개의 큰 방은 사람들로 가득 찬다. 좀 더 자세히 들여다보면 당신은 그들이 두 명씩 짝을 이루고 있다는 사실을 발견할

상처 받은 내 마음의 소리를 듣는 심리 치유

것이다. 수많은 테이블에도, 모서리에도, 복도에도 사람들이 두 명씩 짝을 이루고 앉아 있다. 한 사람은 말을 하고, 다른 한 명은 경청한다. 얼마간의 시간이 흐른 뒤 그들은 서로 역할을 바꾼다. 일찍 그곳에 도착했다면 대규모 전체 미팅에 참여해서 누군가 이야기하는 중요한 사항을 들을 수도 있다. 주로 현재 진행 중인 내용이다.

누군가 화자에게 "제 생각에 당신이 파악한 부분은 ……인 것 같습니다"라고 말한다. 화자는 잠시 침묵하고 간단히 포커싱한 후 "음, 맞아요. 하지만 그보다 더 ……할 가능성이 있어요"라고 대답한다.

나는 매우 정기적으로 활동하는 변화 집단의 모임에 항상 깊은 감명을 받는다. 비록 내가 아주 오랜 시간 동안 수많은 사람들을 대상으로 경청하는 법을 훈련시켜 왔지만, 커다란 집단 내에 있다 보면 자주 경청하는 법을 잊어버린다. 그래서 다른 사람들이 잊지 않고 있으면 너무나 반갑다. 내가 중간에 개입하려고 하면 누군가 "잠시만요. 지금 저 여자분이 무언가 말을 하려는 것 같군요"라고 말한다.

가끔은 수줍어하는 누군가가 자신의 힘든 점을 말하고 싶어 하며 집단 내의 개인에게 경청을 요청할 것이다. 이것이 색다르게 보일 수는 있다. 나는 한 모임에서 본 수잔의 행동이 기억에 남는다.

그녀는 일어나서 "음……. 조, 당신은 내 말을 듣고 있나요? 내가 이 말을 해도 될까요?"라고 하자 조는 고개를 끄덕였다. 그녀는 무언가 말을 했고, 조는 그에 맞는 핵심을 대답했다. 그녀는 계속 말을 이어 갔고, 조도 마찬가지였다. 모임에서 다른 사람이 방해하거나 주장하기 전에 그녀는 이런 방식으로 자신의 생각을 말하고 사람들에게 전달했다. 집단 내의 모든 사람들은 그녀가 조에게서 바라는 것이 무엇이고, 왜 그러는지 이해하고 있었다.

커뮤니티 내에서 경청의 또 다른 목적은 휴식 시간 동안에 명확하게 드러난다. 어디를 가든 사람들은 여기저기 서성거리다가 소규모로 모여 대화를 진행했다. 누군가 한 남자에게로 다가가서 말했다.

"안녕, 톰. 내가 요즘 좀 힘든 시간을 보내고 있어. 누가 내 말을 좀 들어 줬으면 좋겠어. 네가 들어 줄 수 있겠어?"

톰의 대답이 돌아왔다.

"물론이지. 지금 당장 필요해?"

"그래, 네가 괜찮다면 말이지."

그러고는 둘은 조용히 구석진 곳을 찾아 걸어갔다.

아니면 톰이 "아니, 지금은 별로 들어 주고 싶지 않아. 미안해"라고 말할 수도 있다. 그럴 경우 포커서는 또 다른 청자를 찾아 이동할 것이다. 또는 톰이 다른 날의 시간을 제안하거나, "물론이지. 대신 나도 지금 청자가 필요해. 역할을 바꿔 가며 같이할까?"라고 말할 수도 있다.

앞에서 언급한 바와 같이 진정한 경청은 정말로 드물다. 알랜은 다른 도시에서 일자리를 구했지만, 몇 개월마다 시카고로 돌아왔다. 단지 자신의 말이 경청되기를 원하기 때문이다.

일단 사람들이 처음에는 모호하고 애매했던 것이 조금씩 내면에서 세부적으로 열리고 변화되는 것을 경험하면, 포커싱과 경청이 없는 생활은 외롭고 피상적으로 변한다. 경청해 주는 사람이 없다면 스스로 내면의 소리를 듣기가 힘겨울 수 있다.

그렇다고 포커싱을 모르는 사람과 함께하면 종종 좌절로 이어진다. 매 순간마다 그는 "그게 뭔지 좀 더 자세히 볼 수 있어?"라고 말하지만, 포커싱을 잘 알지 못하는 포커서는 무슨 의미인지 이해하지 못한다.

사람들은 자신의 느낌을 이미 알고 있다고 생각한다. 사람들은 자신의 육감에는 완벽하게 접속할 수 있을지 모르지만, 그 순간 이후 놓아 버린다. 그들은 명확한 느낌을 뛰어넘어 아직 명확하게 드러나지 않은 것을 느끼면 많은 방법들로 구성된 문제에 대한 새로운 길이 열린다는 사실을 알지 못한다.

그래서 사람들은 좀 더 가까워지고 싶은 사람에게 포커싱을 가르쳐 준다. 무엇이 나타나는지 반드시 들어야 되는 것은 아니다. 포커싱할 때의 고요함 자체만으로도 훌륭하다. 하지만 자신이 느끼고 말하는 부분이 틀에 박힌 것처럼 받아들여진다면 사람들은 외로움을 느낄 것이다. 더 깊은 곳과 변화를 향한 단계들이 있다는 사실을 알아도 제대로 들을 수 없다면 역시 외로움을 느낄 것이다.

당신이 나의 말을 나의 형편으로 받아들이고 그에 대한 대답으로 당신의 형편을 말한다면 따분한 일이 된다. 그러면 우리의 관계는 끝나 버린다. 마치 벽 속에 갇혀 있는 문처럼 밋밋한 상태가 될 것이다.

자신의 이야기가 경청되도록 알랜이 시카고로 돌아오는 것은 놀랄 일이 아니다. 이제 그 기술이 확산되어 가고 있어서 시카고는 더 이상 희귀한 섬과 같은 곳이 아니다.

변화 집단의 상호 경청 파트가 끝난 후에는 잠깐 동안의 휴식이 있다. 그때 사람들은 특별한 모임을 만든다. 경청 훈련 모임도 있다. 아주 온화한 분위기가 만연한 몇 개의 포커싱 모임에서는 사람들이 너무나 수줍어서 당신에게 함께 동참해 달라는 말도 못 할 것이다. 그 외 다른 활동들도 진행된다.

커다란 모임에 속해 있는 어떤 사람은 자발적으로 일어서서 "저는 오늘 밤에 댄스 활동을 주도할 겁니다. 그때 저를 찾아 주세요"라고 말했다. 그것은 행동 수정이나 꿈 해몽 모임이었을 것이다.

포커싱은 다른 모든 방법들을 몸의 감각 느낌과 관련시켜 효과를 높여 준다. 우리는 포커싱에 관한 '분파'를 만들고 싶은 생각은 없다. 포커싱은 누군가가 이미 발견한 도움이 되는 무엇과도 잘 어울리고, 추가가 될 수도 있기 때문이다.

역으로 누군가가 다른 기술들을 알려 준다면 오히려 더 반갑다. 비록 서로 모순되는 것이라도 사람들은 다양한 기술을 이야기한다. 하지만 인간의 몸만큼은 도움이 되는 무엇이든 다른 어떤 것과도 모순되지 않는다. 포커싱은 특정 시간에 당신에게 도움이 되는 것이 무엇인지 직접 느끼게 해 준다.

자조적 기술 훈련은 그런 네트워크에서는 필수이다. 포커싱과 경청은 누구라도 훈련받을 수 있는 구체적인 단계들과 관련되어 있다.

당신은 자주 공식적인 치료보다 집단 모임을 통해 보다 현실적인 치료법이 나타날 수 있다는 사실을 깨달을 것이다. 훈련받지 않은 사람들이 그렇게 하면 겉으로 보기에 염려가 될 수도 있다. 톰이 경청하는 법을 모르거나, 그가 자신의 의견을 타인에게 강요한다면 어떻게 될까? 그것이 더 안전할까?

이것은 의사보다도 안전하다. 아무도 상대에게 권한이 있다고 생각하지 않는다. 누구도 자신이 해야 할 일을 강요받거나, 강제되거나, 간섭받기를 허용하지 않는다. 경청을 요청받은 사람은 단지 또 다른 개인일 뿐이다. 톰의 경청이 마음에 들지 않는다면 포커서는 그를 떠날 것이다.

효과를 거의 보지 못한 심리 치료 환자들이 치료사를 바꾸는 데에만 수개월에서 수년씩 걸린다. 대개 환자들은 '의사들은 현재 진행되는 상황을 잘 알고 있으며, 치료가 안 되는 합당한 이유가 반드시 있을 것이다'라고 생각한다. 변화 집단은 심리 치료보다 훨씬 안전하다. 심리 치료가 효과가 있을 때에도 대체가 가능하다. 환자는 자신의 몸에서 변화가 일어나는 것을 느낄 것이다.

당신은 자신의 변화 집단을 어떻게 시작할 수 있을까? 당신과 함께 포커싱하고 경청해 줄 한 사람을 찾음으로써 시작할 수 있다. 포커싱의 효과가 나타나고 당신과 상대자 모두 변화 집단을 원한다면 세 번째 사람을 초대한다. 다른 사람들도 동참할 수 있게 점차적으로 계획해 나가면 된다. 포커싱을 좋아하는 사람 각자가 다른 사람을 데려오도록 격려해 준다.

변화 집단을 운영하는 원동력은 포커싱-경청을 활용한 접근 방식이다. 정책도 필요 없으며, 실제로 변화 집단에는 전체적으로 아무것도 가진 것이 없다. 물론 운영과 관련된 결정이나, 다른 사람을 만나야 할 시간, 적은 자금으로 처리해야 하는 일과 같은 결정 사항은 존재한다.

변화 집단을 제외한 전통적인 조직에서는 결정 사항들이 일반인들은 참여할 수 없는 작은 권력 집단에 의해 처리된다. 또 다른 모형이 참여 민주주의이며, 모든 사람들이 모든 결정을 내리기 위해 노력한다. 하지만 사소한 결정이라도 지루해진다. 사람들은 점점 참지 못해 짜증스러워하며, 모임은 증오로 가득 차게 된다.

변화 집단은 세 번째 모형이다. 운영에 대한 결정을 스스로 내리는 소규모 집단이 존재한다. 그러나 모든 사람들이 언제 어디에서 모임이 이루어지는지 알고 있다. 항상 모든 사람이 일회성 참여, 가끔씩 참여, 꾸준한 참여, 참여하지 않음으로 구분되어 모임의 일부로 초대된다. 대부분이 아니라 모든 사람들이 거의 참여한다.

각 변화 집단은 자체 회원들이 원하는 대로 조직된다. 국제변화 집단위원회가 존재하지만 변화 집단의 목록을 작성하고 가끔씩 인쇄물을 우편으로 발송하는 것이 하는 일의 전부이다. 어떠한 정책도 강요하지 않는다.

포커싱과 경청은 특별하게 연습을 거쳐야 하거나 하나의 관점과 같은 것이 아니다. 그러나 원하는 사람들에 의해 공유되고 학습될 수 있다. 그 속에는 많은 치료적인 변화와 인간적인 친밀감이 존재한다.

역할을 뛰어넘는 경험

우리가 살고 있는 시대에는 인간 개인의 본질에 관한 진보가 발생하고 있다. 역사적으로 인간은 언어라는 틀에 박힌 유형으로 스스로를 표현하고, 같은 방식으로 자신을 이해해 왔다. 감정적 경험의 형태들은 누군가 당신을 속이면 화가 나고, 누군가 당신에게 무언가를 건네면 고마워하는 형태로 구분되었다. 당연히 사람들은 말하거나 이해하는 것 이상의 무언가가 존재하는 것은 아닐까 어렴풋이 의심했다. 하지만 아무도 '그 이상'이라는 의미가 정확히 무엇인지 알지 못했다.

우리 자신을 표현하기 위해(심지어 우리에게 자신을 표현하기 위해), 우리 자신의 상황을 처리하기 위해 우리는 경험에 대한 '그 이상'이 무엇인지 파악해야만 한다. 처음에는 '그 이상'이 모든 사람에게 동일하게 보이는 특정한 원인과 내용을 나타냈다. 물론 그런 보편적인 내용의 정체에 합의가 있었던 것은 아니다. 그것이 무엇인지 밝히기 위한 몇 가지 체계도 등장했다. 그때 보다 깊은 곳에서 체계를 뛰어넘는 독특한 개인이 나타난다는 사실이 발견되었다.

가장 최근에 커다란 발전이 있었다. 수백만 명의 사람들이 '자신의 느낌과 소통한다'는 것이다. 인간이 내면에 있는 자신의 느낌과 자주 접속하는 데 익숙하지 않다면 이것은 그러기 위한 삶에서의 커다란 단계가 된다. 인간의 본질로 이것을 보유한 많은 방법들과 동작이 존재하고 있다.

포커싱은 보다 발전한 단계이다. 느낌에 대한 접속을 뛰어넘으면 또 다른 내면적 '공간'이 나타난다. 처음에는 명확하지 않은 전체적인 감각 느낌이 형성될 수 있다. 특별한 사건의 전체적 의미에 관한 느낌이다. 많은 단계들의 통로인 일련의 내면적 변화들이 나타날 수 있는 내면의 '공간'에서 기인한 것이다. 세부 내용에 관한 내면적 본질은 자신의 모습과 변화를 드러낸다.

우리는 우리보다 앞서 경험한 많은 환자들을 연구하여 '포커싱'을 발견했다. 따라서 우리가 발명한 것이 아니다. 다만 우리는 구체적이고 가르칠 수 있는 형태로 바꾸었을 따름이다.

우리가 지금 이해할 수 있는 인간의 경험은 고정된 형태의 내용물들의 조각으로 구성되어 있지 않다. 인간이 정해진 시간에 정확하고 세밀하고 복잡한 형태를 감지하면 바로 그런 감지의 형태에 따라 변한다.

사람의 경험은 타인들에 의해, 심지어 그것을 경험하는 사람에 의해 이해될 수 없다. 일상적인 분류법으로는 표현할 수 없는 것이다. 스스로 자신의 모습을 드러내게 하기 위해서는 만나고, 발견하고, 느끼고, 참여하고, 허락하는 과정을 거쳐야 한다.

나는 심리 치료사와 학생 치료사로 구성된 그룹에게 경청하고 포커싱하는 법을 가르쳤다. 치료 훈련 중인 한 여성은 그룹 내에서 평등함을 느끼지 못했다. 그룹에는 한 명의 또 다른 여성이 포함되어 있을 뿐이었다. 그룹에는 방문 교사인 나를 비롯해 그녀의 관리자, 여러 명의 동료들, 그녀의 치료사인 남자가 포함되어 있었다.

자신의 문제를 그녀가 말할 차례가 되었다(우리는 경청하는 연습을 할 수 있었다). 남편이 그녀에게 언제 집에 돌아오는지 말하라고 강요한다고 말했다. 그는 전문 교육을 받기 위한 그녀의 오랜 노력을 지원했다. 지금 그는 그녀의 경험을 자신과 공유해 주기를 원하고 있었다. 그것은 공정한 것이었다. 그러나 그녀는 집에 도착하면 본연의 모습으로 돌아가 쉬고 싶었다. 그녀는 남편의 요구를 거절하기를 원했다.

나는 훌륭하게 구성된 경청의 규칙을 따르면서 말했다.

"당신은 오랫동안 자신의 본연의 모습이 되어 쉬고 싶군요. 남편의 요구도 거절할 수 있기를 원하고요. 맞나요?"

그녀의 내면에 있던 무언가가 해방되는 것 같았다. 그녀는 고개를 들어 위쪽을 쳐다보았다. 그녀의 눈이 반짝였다.

"맞아요. 거절할 수 있었으면 좋겠어요! 나의 요구와 느낌에 따

상처 받은 내 마음의 소리를 듣는 심리 치유

라 살 수 있었으면 좋겠어요! 다른 사람과 관계된다 하더라도 무언가에 의지할 수 있었으면 좋겠어요! 맞아요. 그래요!"

다른 사람들도 몇 가지 질문을 했다. 그녀가 이기적이거나 적대감을 가지고 있는 것이 아닌가? 그녀는 다른 사람과의 접촉을 피하고 있지는 않은가? 그녀가 자신을 발견하기 위해 약속을 취소하고 싶은 욕망에 사로잡혀 성숙하지 못한 성인의 모습을 보여 주고 있는 것은 아닌가? 몇 마디 사소한 그녀의 말에서 전체적인 추론의 연결 고리가 만들어졌고, 많은 상투적인 분류법들이 적용될 수 있었다.

아무도 그녀가 말한 대로 받아들이고 싶어 하는 것 같지 않았다. 모든 사람들은 그녀가 말하지 않은 그곳에서 진정한 '현실'이 될 무언가를 원하는 것 같았다. 하지만 난 '단지' 경청할 뿐이었다.

그녀는 관리자, 치료사 및 다른 사람들의 말은 모두 대수롭지 않게 여겼다. 지금 그녀는 자신이 경험하고 있는 것이 무엇인지 스스로 정확하게 인지하고 있다고 느낄 것이다. 그것은 그녀의 내면에서 공명하고 있었다. 단어들은 그녀의 경험에 영향을 주었고, 경험은 단어들을 지원했다. 그녀는 정확하게 경청함으로써 자신의 느낌이 자체의 형태를 가지고 존재한다는 사실을 깨달았다.

하지만 이 여성의 경험이 일반적인 유형에 적합하다고 누가 주장할 수 있겠는가? 자신의 경험에 대한 현실성을 주장하는 이 여성은 어떤 유형일까?

인간의 경험은 하나의 유형이 아니다. 지금은 하나의 유형에 맞는 듯 보여도 나중에는 다른 유형에 맞거나 맞는 유형이 하나도 없게 될 것이다. 어떠한 경우에도 맞게 보이는 것이 결코 정확하지는 않다. 경험이 유형보다 풍부하기 때문이다. 더욱이 경험은 변하기까지 한다.

포커싱이 경험을 나타낼 때 경험은 유일한 것이 된다. 많은 포커싱과 경청을 행했던 장소에 관해 예전에 누군가가 내게 말했다.

"그곳에서 진행되는 일은 세계 역사상 이전에는 단 한 번도 일어난 적이 없었다."

그의 말은 각 개인의 독특한 경험이 포커싱 과정을 거치면서 한 번도 경험해 보지 못한 것이 된다는 의미이다. 또한 그는 역사상 지금까지 일반적인 사람들은 보통 그렇게 해 본 적이 없다는 사실을 지적하고 있다. 사람들이 자신의 느낌에 접속하여 밝히고 변화시키는 과정을 거친다면 인간의 발달에 있어 하나의 새로운 단계가 된다. 우리는 적합한 유형을 뛰어넘어 발전하는 것이다.

물론 모순이 발생할 가능성은 항상 존재한다. 그러나 전통적인 유형을 거절했던 사람들은 종종 가치와 기준 없이 방황하고 길을 잃고 헤매는 자신의 모습을 발견했다. 포커싱은 그러한 유형들을 새로운 유형으로 만드는 방식으로 대체한다.

우리가 지금 급하게 오랜 형태와 유형들을 폐기한다면 무엇이 대체하게 될까? 동등하게 고착화되고 고통스러운 새로운 형태들일까? 새로운 형태들은 각 개인의 외부에서 부과되는 대신 각 개인의 내부에서 생성된다. 이러한 일이 발생하는 세상은 사람들을 속박하고 상처를 주는 형태를 강요하는 세상이 아닐 것이다. 새로운 방식으로 형태가 사용되는 세상이 될 것이다. 이런 가능성에 대해 좀 더 자세하게 살펴보자.

오늘날 많은 사람들은 삶을 운영하기로 되어 있던(예전에는 그렇게 했던) 과거의 낡은 유형들이 더 이상 사용되지 않는다는 당황스러운 사실에 고심하고 있다. 예를 들어 보자. 우리는 부모님이 했던 것처럼 하려고 노력한다. 하지만 우리가 따라야 하는 어떤 유형들이 확립되어 있지 않다면 오늘날 부모가 된다는 것은 아무 소용이 없다. 우리는 종종 우리가 방금 한 행동이 잘못되었다는 사실을 학습해 가며 유형을 잘 따르고 있는 것처럼 조작해야만 한다.

마찬가지로 어떤 여성들은 주부로서의 역할을 공허하고 참을 수 없는 것으로 여긴다. 그들은 무엇을 의미하는지 잘 인지하고 있음에도 자주 준비가 되지 못한 상태가 된다. 여성으로서의 유형은 변하고 있지만, 사람들은 마치 결국에는 고정된 형식이 제공되어야 할 것처럼 이런저런 식의 새로운 유형으로 바뀌고 있다고 주장한다.

아들과 딸의 적절한 역할은 무엇인가? 당신은 아직도 부모님을 염려하는 본연의 모습이 될 수 있다고 생각하는가? 각각의 젊은이들이 마주하는 질문이다.

이러한 낡은 유형들이 한때는 유용했다. 많은 사람들(항상 뜻밖의 예외를 동반하는)은 자신에게 할당된 느낌이라는 내적인 삶을 가져다주는 역할과 틀에 박힌 과정에 스스로를 맞추었다. 단지 교육받은 소수의 이지적인 사람들만이 역할과 패턴을 스스로 만들어 내었다.

그러나 오늘날까지 틀에 박힌 과정과 역할에 대한 의존성은 변화되어 왔다. 사람들 대부분은 교육받은 학식 있는 사람들이다. 사람들의 창의력과 창의적인 욕구는 확대되었다. 현재 틀에 박힌 과정들은 지나치게 제한되고 있다. 또한 사람들은 수요나 공급 측면에서 그들이 받아들인 역할보다 훨씬 더 복잡하다는 사실을 발견한다.

보다 발전된 개인들이 어떻게 더 나은 사회 구조를 만들 수 있을까? 아직 해결하지 못한 커다란 숙제이다. 우리는 사회의 유형이 개인을 형성하는 방법에 대해 많이 알고 있지만, 그중 하나가 개인들과 함께 시작된다면 격차가 존재하게 된다. 우리는 어떻게 개인의 발전이 사회 구조 수준까지 도달할 수 있을지 알지 못한다. 그것이 바로 사회와 정치적인 단위들의 특성이 지금까지 거의 발전하지 못한 이유이다.

포커싱은 유일한 해답의 일부분이다. 사람들에게 삶의 방향에 대한 자신의 내면적 근원을 발견하게 해 준다. 각 개인에 의해 고안된 새로운 유형의 원천이 될 수 있다.

고정된 구조가 아니라 우리가 구조를 직접 만들어야만 한다. 이것은 비구조화가 아니다. 실제로 구조 없이는 아무 일도 일어나지 않는다. 예상되고 이해되는 지속적인 재구성이다. 참가자들에 의해 재구성되기 위해 사회적 상황은 구조화될 수 있다.

　역할을 위해 필요한 예상 가능하고 기대되는 감정 대신, 우리는 자주 모호한 느낌을 가지고 있다. 명확한 느낌들이 이미 유형화되었기 때문에 모호한 상태로 존재하게 된다. 우리는 그 새로운 모호한 느낌들을 표현하기 위해 새로운 문구를 만들어야만 한다. 그 느낌들을 일상의 삶 속으로 가져오기 위한 새로운 행동 유형도 만들어야 한다. 이것이 바로 유형 제작의 과정이다.

　우리 모두는 점차적으로 유형 제작 과정과 어느 정도 관련을 맺고 있다. 이것은 커다란 변화가 나타날 수 있는 공간이다. 우리가 유형 제작자로서 우리 자신과 서로를 받아들인다면 더 이상 자신이나 서로에게 유형을 강요할 필요가 없을 것이다. 현재 대부분의 사람들은 여전히 새로운 몇 가지 유형들이 결국 받아들여질 것이라고 생각하고 있다. 예전처럼 우리가 자신과 서로에게 새로운 유형을 강요하게 될 것이라는 의미이다.

　낡은 유형을 강조하는 행위가 여전히 비일비재하게 만연하고 있는 것도 사실이다. 예를 들어, 사람들은 지금 새로운 역할 유형이 질투하거나 소유하는 것을 의미해서는 안 된다고 생각한다. 배우자나 애인이 다른 사람과 성적 관계를 해도 받아들여야 한다고 느끼지만, 실제로 그렇게 하지는 않는다. 그때 그들은 새로운 역할 유형을 강요하기 위해 자신과 엄청난 싸움을 벌인다. 그들이 낡은 유형을 바꿀 준비를 하는 동안 프리섹스가 새로운 유형이 되었다. 강요된 새로운 유형 역시 그들에게 맞지 않는 것이었다. 죄책감과 자책을 동반하는 끝없는 고통이 지속되었다. 새로운 유형이 그들에게 맞지 않았기 때문이다. 그리고는 질문이 이어진다.

"내게 무엇이 잘못되었지? 이러한 유형이 용기 있고 새로운 사람들에게 적합하다면 왜 내게는 맞지 않는가?"

오로지 유형이 새로울 뿐이다. 이것이 낡은 유형과 새로운 유형에 부합하는 일반적인 방식이다.

포커싱을 알고 있는 어떤 부부들은 관계를 열어 주는 독특하고 차별화된 방식을 개발하고 있다. 어떤 사람들은 자신의 몸이 직접 느낄 수 있어서 질투에 대한 새로운 부분을 알게 되었다고 말한다. 낡았든 새롭든 일반적인 유형을 채택하는 것은 하나의 방식이 될 수 없다.

우리의 몸은 이미 지혜의 거대한 저장고가 되어 있음에도 끊임없이 새로운 지식을 흡수해서 추가하고 있다. 진정한 학습은 자기 몸과의 대화를 통해 일어날 수 있다. 섬세한 포커싱을 통한 접근 방식은 우리 각자와 가까운 사람들의 생활에 유일하게 적합한 유형이다. 우리 함께 유형 제작을 이행해 보자.

느낌은 내면적인 것처럼 보이며, 한편으로는 강하고 자주 변하지 않는 것처럼 보인다. 느낌이 하나의 사물이 아니라는 점을 드러내기 위해 인간은 그 이상의 것을 감지해야만 한다. 아직 명확하지 않은 감각 느낌으로 상황에 대한 전체를 감지하는 것은 다른 것이다.

느낌은 종종 이유와 충돌한다. 많은 느낌들은 이유보다 현명하지 못하지만, 이유만으로는 우리를 충분히 변화시키거나 신뢰할 수 없다. 감각 느낌 전체는 그런 이유보다도 포괄적이다. 느낌을 만드는 것뿐 아니라 그보다 훨씬 큰, 이유에 대한 이유까지도 포함한다.

감각 전체는 보다 오래 지속될 수 있으며, 자체적인 지향성을 가진다. 모든 것에 대한 당신의 감각이며, 당신이 알고 생각하고 배운 것을 모두 포함한다. 당신이 '해야 하는 일'과 아직 해결하지 않은 일까지 모두 포함하고 있다. 생각과 느낌, 의무와 바람은 지금 그 속에서 구분되지 않는다. 누군가 이런 말을 했다.

"현재 자신이 가진 인지 능력의 내적 감각을 더 많이 원할수록 항상 가지고 있기를 바라게 된다."

처음에는 모호하고 전체적으로 감지되었던 것이 생각과 느낌, 이미 형성된 행동 방식, 이미 떨어져 나와 기존의 유형으로 전환된 것보다도 기본적이다. 유형 제작자들의 사회가 다가오고 있다. 사람들은 사회적 잔인성과 역압에 더욱 민감해지고 참지 못하게 된다. 그들을 변화시킬 행동이 보다 쉽게 이루어지는 사회가 된다는 것은 어쩔 수 없는 현실이다.

포커싱 간이 매뉴얼

1. 공간을 정리하라

오늘은 기분이 어떠한가?

당신과 좋은 느낌 사이에 무엇이 있는가?

대답하지 말라. 당신의 몸 안에 나타나는 것이 대답이 되도록 하라.

어떠한 것이라도 안으로 들어가지 말라.

나타나는 각각의 문제들을 받아들여라.

그것들을 잠시 자신의 옆으로 치워 두라.

그것을 제외하면 당신의 상태는 괜찮은가?

2. 감각 느낌

포커싱할 한 가지 문제를 선택하라.

문제 속으로 들어가지 말라.

문제 전체를 소환했을 때 당신의 몸에서 느낀 것은 무엇인가?

음침하고도 불편하고 모호한 몸의 느낌인 전체적인 것의 느낌을 느껴라.

3. 핸들을 가져라

감각 느낌의 특성은 무엇인가?

어떤 단어나 문구, 이미지가 감각 느낌에서 나오는가?

어떠한 특성 단어가 가장 알맞은가?

4. 공명하라

단어(혹은 이미지)나 감각 느낌 사이를 왔다 갔다 하라.

그것이 정확한가?

서로 잘 맞으면 어울림에 대한 느낌을 몇 차례 느껴 보라.

감각 느낌이 변하면 당신의 주의도 뒤를 따라가라.

완벽한 어울림을 이루었을 때, 느낌에 알맞은 단어들(이미지)을 가지고

잠시 동안 느껴 보라.

5. 질문하라   "문제 전체와 관련해 나를 너무 ……하게 만드는 것은 무엇인가?"

> ▶ 갇혔을 때 할 수 있는 질문들
> 이 느낌의 최악은 무엇인가?
> 이에 대한 정말로 나쁜 점은 무엇인가?
> 무엇을 필요로 하는가?
> 어떤 일이 일어나야 하는가?
> 대답하지 말라.
> 느낌이 자극받아 당신에게 해답을 알려 줄 때까지 기다려라.

> ▶ 모든 것이 양호하다면 어떤 느낌일까?
> 몸이 대답하게 하라.
> 그것을 막는 것은 무엇인가?

6. 받아들여라   무엇이 나타나든 모두 환영하라.
그것이 말해 주면 기뻐하라.
단지 문제에 관한 한 단계일 뿐 마지막은 아니다.
이제 당신은 그것이 있는 위치를 안다.
당신은 그것을 떠났다가 나중에 다시 돌아갈 수 있다.
방해하는 비판적 목소리로부터 보호하라.

당신의 몸이 또 한 차례의 포커싱을 원하는가?
아니면 지금이 멈추기에 알맞은 시점인가?

상처받은 내 마음의 소리를 듣는 심리 치유

: 포커싱Focusing

초판 1쇄 인쇄 2017년 11월 23일
초판 1쇄 발행 2017년 11월 30일

지은이 유진 T. 젠들린
옮긴이 김성준

펴낸이 박세현
펴낸곳 팬덤북스

기획위원 김정대·김종선·김옥림
편집 김종훈, 이선희
디자인 심지유
영업 전창열

주소 (우)03966 서울시 마포구 성산로 144 교홍빌딩 305호
전화 070-8821-4312 ｜ **팩스** 02-6008-4318
이메일 fandombooks@naver.com
블로그 http://blog.naver.com/fandombooks

등록번호 제25100-2010-154호

ISBN 979-11-6169-031-5 03180

＊한국출판문화산업진흥원의 출판콘텐츠 창작자금을 지원받아 제작되었습니다.